掃き清める新しい暮らし

神様が宿る家の清め方

監修　神田明神

はじめに——神様は清らかな場所が好き

「清めの塩」「厄払い（祓《はら》い）」——。私たちの暮らしには、「お清め」や「お祓い」にまつわる風習が多くあります。雛祭りや年末の大掃除も、心身の穢《けが》れを祓い清める年中行事です。お清めやお祓いは、「リセット」するためのしきたりともいえます。それまでに積もり積もった死の穢れやストレス、ときには誰かを傷つけてしまったネガティブな言動（こういったものを「罪穢れ」と呼びます）、それらを消し去るためにさまざまな風習が生まれました。

では、なぜお清めやお祓いが必要とされたのでしょう。

それは、日本人と寄り添って暮らしてきた八百万《やおよろず》の神々が、罪穢れがあるなかではその力を発揮できないからです。

お清めをはじめて行ったのは、この世のさまざまなものを生み出した神様でした。亡くなった妻を追い求めて死者の国である黄泉《よみ》の国へ行ったとき、身にまとった穢れや執念を祓うため、清らかな水に浸かったのです。すると穢れは去り、気高い神々が生まれました。以来日本の神様は、罪穢れを嫌い、清らかな場を好むようになったのです。

お清めには、マイナスをゼロにし、さらにプラスにしてくれるパワーがあります。だからこそ日本人は折々でお清めとお祓いを行い、八百万の神々と仲良く暮らしてきました。「最近、ツイてないな」「なんだかスッキリしない」――。言葉ではあらわしきれないモヤモヤした感覚を抱えたとき、「お清め」や「お祓い」といった単語を思い浮かべるのは、日本人として自然な感覚なのでしょう。

日本の神様は全知全能ではありません。勘違いもすれば、仲違いもすることを神話が伝えています。とても人間臭い神様たちに、私たちは守られているのです。そして神々は「トラブルがあったり、間違いを犯したりしても、切り替えて前に進めばいい」と教えてくれもします。

神様をお祀《まつ》りする神社では、神様を敬い、清浄さを守るしきたりと作法を大切に受け継いできました。本書では、そういった神社での作法や心得、古《いにしえ》から伝わる日本ならではの暮らしをヒントにした、さまざまなお清めの形を紹介しています。

神様が教えてくれたリセット＝お清めは、すべてをなかったことにするわけではありません。これまでの生活を見直し、未来につなげていくためにあるスイッチだと考えてください。

本書で紹介するお清めとお祓いの数々が、みなさんの毎日を豊かにする一助となれば幸いに存じます。

神田明神《かんだみょうじん》　権禰宜《ごんねぎ》　鳥居《とりい》　繁《しげる》

掃き清める新しい暮らし

神様が宿る家の清め方

もくじ

5章

家と人を清らかにする季節の行事 124

1章

神様が喜ぶ清めの力

日本の神様はキレイ好き。
穢れた場所では力を十分に発揮できません。
だからこそ、清らかであろう、正しくあろう
と努める人を応援してくれます。

神様が嫌う「罪穢《つみけが》れ」とは？

心身に溜まる罪穢れが災厄をもたらす

不運なアクシデントがつづく、体調がイマイチすぐれない――。「なんだか最近ツイていない」と感じたとき、私たち日本人はごく自然に、「お祓《はら》い」や「お清め」といった言葉を思い浮かべます。イメージするだけではなく、厄払いなど、実際に神社でお祓いを受けた経験をお持ちの方も多いことでしょう。

ではこのとき、具体的にはなにを祓い清めているのでしょうか。正解はお化けでも、悪魔でもなく、「罪穢れ」。日々の暮らしのなかで、私たちの心身に垢のように積み重なっていく、災いや不幸をもたらすものです。

「罪」は、なにも法律を犯すような悪行を指すわけではありません。ちょっ

＞厄払い
災厄が多く降りかかるとされる厄年（P22〜）に受けるお祓いのこと。

としたひと言で誰かを傷つけてしまったり、うっかり食材を無駄にしてしまったり。古来、日本人が大切にしてきたモラルやルールからはみ出す行為は総じて罪となります。

一方、「穢れ」は死そのものを意味します。だからこそお葬式のあと、自宅に入る前に塩を体に振りかけ清めるならわしが受け継がれてきました。また、「ケガ-れ」とも読める汚れにつながるチリ、ホコリなども穢れとされています。

キレイ好きで清浄な場所を好む日本の神様は、罪穢れが大の苦手。八百万《やおよろず》の神と仲良く暮らしていくためには、知らず知らずのうちに触れてしまった罪穢れを意識し、祓い清めていくことが大切なのです。

八百万の神
日本の神様すべてをあらわす言葉。「八百万」は実際の数ではなく、数え切れないほど多い、という意味合い。

お清めのルーツは神様が行った「禊《みそぎ》」

禊は穢れを祓い、貴《とうと》い結果をもたらしてくれる

災いをもたらす罪穢れを清める方法のひとつに「禊」があります。禊は神様も行ったとされる、いわばお清めのルーツ。体をキレイな水ですすぐことで、罪穢れを取り除きます。

『古事記』には、神様が禊を行うシーンが描かれています。日本の国土を生み出した、伊邪那岐命《いざなきのみこと》が黄泉の国《よみのくに》から戻ってきたときのこと。「穢れた身体を清めなければ」と、伊邪那岐命は身につけていたものをすべて脱ぎ捨て、川の流れに浸かり、身をすすぎました。この「身そそ（すす）ぎ」が縮まり、「みそぎ」という言葉になったという説もあります。

やがて清浄な心身となった伊邪那岐命からは、とくに貴いとされる3柱の

古事記
8世紀に完成した現存する日本最古の歴史書。上中下3巻のうち、上巻が神の時代の物語（日本神話）を伝えている。

黄泉の国
死後の世界。

神様が生まれました。禊をはじめ、先人たちがお清めを大切にしてきたのは、穢れを祓い、貴い結果を得た神様にあやかりたいという気持ちも含まれているのかもしれません。

禊は現代の生活にもしっかりと息づいています。服を脱ぎ、身についた汚れを洗い流し、お湯に浸かる。入浴は、禊とよく似ています。お風呂上がりのサッパリとした気分を考えれば、汗やホコリといった汚れだけではなく、目に見えない「穢れ」も流し清めていることに納得できるはずです。

また、神社の拝殿でお参りする前に手水舎《みずや》で行う手水《て》は、禊を簡略化したもの。神様にご挨拶をする前に、きちんと心身を清めるようになっているのです。

∨3柱
神様を数える助数詞は「柱」。

∨禊を簡略化
かつては海や川の水で身を清めてから参拝するならわしがあった。

神社がいつもキレイな理由

境内を掃き清めながら、自分の心も清めている

キレイ好きで、清らかな環境を好む日本の神々。当然、神様のお住まいである神社も清浄さを大切にしています。そのため神職や巫女《みこ》など、神様にお仕えする者にとって掃除はとても重要な仕事。神職の1日を「掃除にはじまり掃除に終わる」と表現する方もいるほどです。

しかし、定められた仕事だから、という理由だけで掃除に励むわけではありません。毎日を見守っていただいていることに対する神様への感謝の気持ちが根底にあり、そのあらわれとして清浄清潔な環境を保とうと努めるのです。あらゆるものに神様を感じ、感謝し、お祀りしてきた日本人だからこその感覚なのかもしれません。

＞巫女
神職をサポートし、神様に奉仕する。神事では巫女舞を舞うことも。巫女になるのに神職資格はとくに必要ない。

神田明神では朝の出社後、神職や巫女総出で境内を掃き清めます。境内の掃除といえば、竹箒を手にした巫女を思い浮かべる方もいるでしょう。角度をつけて掃くことで、広い範囲の落ち葉やゴミを集められる竹箒は境内の掃除にかかせない道具です。参拝客のみなさんが通る参道は、落ち葉を左右に寄せてから集めるようにしています。

キレイになった境内を眺めると、とても爽やかな気分に包まれます。境内を清めていると同時に、自分の心も清めているのだと実感する瞬間です。「しなきゃいけない」ではじめる掃除は苦しいもの。「神様へのお礼」として丁寧に掃除をすれば、家も気持ちもスッキリしますよ。

神様へのご挨拶はまっさらな心身になってから

お祓いで罪穢れ、災厄のタネをリセット

日本人の人生にまつわる行事と神社は、とても関わりが深いものです。安産祈願や初宮詣《はつみやもうで》にはじまり、神前結婚式や厄払いなど、人生における節目や「ここぞ！」というとき、神社の拝殿で特別に祈願をした経験がある方は多いことでしょう。また、地鎮祭《じちんさい》のように神職が出張する神事もあります。

やはりこういった神事でも、罪穢れを祓うことは古くから大切にされてきました。神事にあたり最初に行うのは必ず「修祓《しゅばつ》」です。聞き慣れない言葉ですが要はお祓いで、罪穢れを清めるために行います。神様と対面する前に、まっさらな心身になっておくのです。

修祓はまず、神職が「祓詞《はらえことば》」を唱えてはじめます。祓詞は、この世の罪穢

∨初宮詣
誕生後はじめて氏神様（P36〜）にお参りすること。

∨特別に祈願
昇殿参拝もしくは正式参拝。拝殿ではなく神楽殿（かぐらでん）で行う神社もある。

∨地鎮祭
土木工事や建築工事をはじめるにあたり、土地の神様に安全を願う神事。

れや災いを流し、飲み込み、吹き払い、消し去ってくれる4柱の神々、祓戸《はらえどの》大神《おおかみ》に、参列者の罪穢れを祓うようにお願いする言葉です。

次に、神職が大麻《おおぬさ》を左・右・左と音を立てながら振って穢れを祓います。「神職」と聞いて、この動作をイメージされる方もいるかもしれませんね。ほかにも、塩湯《えんとう》や紙と麻を細かく切った切麻《きりぬさ》、紙を人の形に切った形代《かたしろ》などを用いるお祓いもあります。いずれにせよ、神職は言葉や道具の力を借りて、神事の場を清らかにしていくのです。

さらに6月30日と12月31日に多くの神社で行う大祓《おおはらえ》は、修祓そのものを目的とした儀式です。半年の間に犯した罪や身についた穢れ、災厄のタネをリセットし、平穏無事に暮らせることを願います。この神事では祓戸大神が罪穢れを消し去るさまを述べた「大祓詞《おおはらえのことば》」を神職が唱え、参加者は自分の体を形代で撫で、息を吹きかけます。こうすることで罪穢れが形代にうつるのです。その後、形代を海や川へ流したり、境内で焼いたりすることによって、私たちの罪穢れは祓い清められます。

1年の区切りや人生の節目ごとに心身をリセットするならわしを、日本人は大切にしてきたのですね。

>大麻
榊の枝や白木の棒に麻苧（あさお）と紙垂（しで）をつけた祭具。

>塩湯
堅塩（かたしお）を湯で溶かしたもの。

>大祓
6月は「夏越（なごし）の祓（P142～）」、12月は「年越しの祓（P156）」とも呼ばれる。

神様が喜ぶ心のあり方は「浄明正直《じょうめいしょうじき》」

浄く、明く、正しく、直き心

大昔から、私たち日本人はあらゆるものに神様を感じてきました。山や川、岩といった自然、雨や雷などの自然現象、稲をはじめとする作物など、暮らしを支えるすべてのものに神様が宿ると考えてきたのです。やがて、郷土の英雄や祖先の霊も神様として祀《まつ》るようになりました。日本の神々をあらわす「八百万の神」という言葉が、その数の多さを物語っています。

八百万の神を敬い、信じる心が「神道」です。神道にはキリスト教の聖書やイスラム教のコーランのような聖典がありません。しかし教えがない、というわけではなく、大切にすべき心のあり方、神様が喜ぶ心の持ちようを伝えるひとつの言葉があります。それが「浄明正直」です。

「浄」は清らかで濁りや穢れのない心、「明」は後ろ暗さのない朗らかな心、「正」はモラルやルールを重んじる心、「直」はまっすぐで素直な心を意味します。ちなみに神職の資格である階位にはそれぞれ「浄明正直」にちなんだ名前がつけられています。「浄明正直」は、神様にお仕えする神職にとってのアイデンティティともいえるでしょう。

神道というと、少々身構えてしまう部分もあるかもしれませんが、神様を大切にしたい、感謝したい、というシンプルな気持ちこそが原点。神様が喜ぶ「浄《きよ》き明《あか》き正《ただ》しき直《なお》き心」を忘れずにいたいものですね。

∨階位
上位から「浄階（じょうかい）」「明階（めいかい）」「正階（せいかい）」「権正階（ごんせいかい）」「直階（ちょっかい）」の5つがある。

身だしなみを整えて心を清める

神様は清潔感のある人を応援してくれる

神田明神がお守りしている氏子区域は、神田、大手町、秋葉原など108町会に及びます。企業が多い土地柄と、徳川家康公が勝ち運を授かったという逸話から、たくさんのビジネスマンの方が折に触れては参拝されます。また、リクルートスーツに身を包んだ学生さんもおいでになります。

「ここぞ」という商談や面接を控えて気合い十分、身だしなみもバッチリ。そういっ

＞氏子区域
それぞれの神社が守護する地域。その地域に住む人々は「氏子」となる。（P36〜）

＞徳川家康公
関ヶ原の戦い前、神田明神の神職に戦勝祈祷を依頼した。見事に勝利を収めるとそのご神徳に感謝し、以降、篤く信仰したことで知られる。

た方をお見かけすると、神様が応援したくなるだろうなと感じます。

さっぱりとした髪型にシミやシワのない服、きちんと磨かれた靴。清潔感のある身だしなみは、相手に良いイメージを与え、人間関係をスムーズにするだけでなく、神様が大好きな清浄そのものだからです。

そもそも、身だしなみの語源は「身を嗜《たしな》む」。「嗜む」は、悪い結果にならないように気をつける、という意味をもっています。災厄を招かないよう身なりに気を使うという発想は、穢れ（汚れ）が災いを招くと考えてきた日本人だからこそ。身だしなみを整えることは自分と向き合い、心を整え、清めるのと同じ効果があるのです。

さて、どこにもお出かけする予定のない休日、みなさんはどう過ごされますか？　のんびりしようとするあまり、1日中パジャマのままなんてことはありませんか？　寝癖のついた髪、洗顔もせず、パジャマもヨレヨレ……。たまの休みぐらい、好きな格好で好きなように過ごしたい、という気持ちもわかりますが、穢れにまみれたままではせっかくの休日が澱んでしまいます。外出するしない、誰かに会う会わないにかかわらず、身だしなみを整える心もちを大切にしましょう。

厄年はやっぱり縁起が悪い？

過去を見直し、未来に活かす大切なターニングポイント

「厄年」は、体力的にも社会的にも転機を迎えやすい人生の節目となる年齢で、災厄に見舞われやすいとされています。地域によって違いはあるものの、男性は25歳と42歳と61歳、女性は19歳と33歳と37歳を厄年（本厄）とするのが一般的です。さらに本厄の前後1年をそれぞれ「前厄」、「後厄」と呼び、前厄から後厄までの3年間は、災いを招かぬように慎み深く過ごすべき期間であると考えられてきました。また、男性の42歳と女性の33歳にあたる「大厄《たいやく》」は、もっとも注意が必要とされています。

厄年と聞くと、やはり身構えてしまうものです。厄年を迎えて、お祓いやお清めを意識する方も多いことでしょう。ちなみに厄や災いを避けるための

▽厄年（本厄）
生まれた時点で1歳とし、その後、新年を迎えるたびに1歳加齢していく「数え年」で考えるのが一般的。

祈祷を神社では「厄払い（祓い）」、お寺では「厄除け」と表現します。

厄年がどうして生まれたのかは、はっきりとはわかっていません。生まれ年の干支が巡ってくる間に心身に積もった罪穢れを祓い清めるためにあるという説や、これまでの人生を振り返り、悪い習慣を戒めるためにあるといった説があります。確かに男性は青年期から壮年期、壮年期から中高年期へ向かう時期、女性は妊娠や出産という大仕事を経験する時期と重なりますね。

しかし、厄年をむやみに恐れる必要はありません。厄は「役」に通じるため、昔からお祭りや伝統行事で神様にお仕えする大切な役目を務める輝かしい年齢でもありました。

いずれにせよ、厄年は先人の知恵や教訓が生んだ大切なターニングポイントです。真摯に自分と向き合い、これまでとこれからを探る絶好のタイミングとしてはいかがでしょうか。

妊娠や出産
厄年の間の妊娠、出産は厄を除けると考えられてきた。厄年の出産を「厄落とし」といい、縁起が良いとする地域もある。

伝統行事
厄年の男性が節分（P134～）で豆をまく風習などがある。

お祭りは神様と人がパワーアップする清めの場

お祭りを楽しんで明日への活力を得る

参道に立ち並ぶ屋台ににぎやかな祭り囃子《ばやし》、お神輿《みこし》や山車《だし》。「お祭り」と聞くと、心が弾みますね。最近ではパレードや芸術、スポーツの祭典など、多くの人が集まるイベントにも「祭」という言葉が使われるようになりました。

しかし、祭りの原点は心身を清め神様に感謝する神事です。神田明神でも四季を通じてさまざまなお祭りを行っています。ちなみに、もっとも大切なお祭りは毎年5月に斎行される例大祭です。さらに隔年で斎行される「神田祭」では、ご祭神が乗った鳳輦《ほうれん》が氏子区域を巡幸する神幸祭《しんこうさい》と、氏子各町会の神輿の渡御《とぎょ》ならびに宮入参拝が行われます。

「まつり」は、付き従い奉仕する「まつらふ」という言葉に由来するとい

山車
お祭りの際に曳（ひ）かれる、花や人形などで飾った屋台。

鳳輦
鳳凰の飾りものをつけたお神輿。神田明神の神幸祭では「一の宮鳳輦」「二の宮神輿」「三の宮鳳輦」が町会を巡る。

渡御
お神輿が神社からお出ましになり、町をお渡りになること。

われています。神様に従い、仕える。そのために参加者は心身を清め、神様に「神饌《しんせん》」と呼ばれる食事を捧げます。参加者にタブーを設けているお祭りがあるのは、神様の嫌う穢れを遠ざけるためです。また、神様に喜んでいただくために、神楽や子供歌舞伎を行うお祭りもあります。

お神輿は神様の乗り物です。普段は本殿にいらっしゃるご祭神がお神輿や鳳輦に乗られて氏子地域をお渡りになり、神々の力で各町会を祓い清めます。2年に1度行われる神田祭でも108町会から約200基のお神輿が担ぎ出され、ご祭神がそれぞれの町会を巡ります。「ワッショイ、ワッショイ」「セイヤ、セイヤ」など、威勢よく声をかけ大きくお神輿を揺らすのは、神様を盛り立てることでパワーアップしてもらうためです。

お祭りは神様をもてなすためだけにあるわけではありません。お祭りの高揚感やイベント感は、毎日の暮らしのストレスや苦労を忘れさせてくれるものです。神様と一緒になって非日常を過ごすことで、「また明日から頑張ろう」と新たな活力を得ることができます。お祭りそのものが、日常をリセットしてくれるお清めであるといえるでしょう。ぜひ、お近くの神社のお祭りや興味のあるお祭りに出掛け、神様と一緒に楽しんでください。

∨まつらふ
漢字表記では「服ふ」もしくは「順ふ」。

∨タブー
喪中の場合は参加禁止、祭り期間中の肉食禁止など。

∨神楽
神様に奉納する歌と踊り。

コラム……1

声に出して読みたい清らかな日本語

八百万の神様を敬い、四季のうつろいと恵みに感謝する神道は、日本古来の宗教として私たちの生活に根づいてきました。とはいっても、聖典も戒律も存在しないため、はっきりと「神道という宗教を信じている」という感覚をもたれている方は少ないでしょう。おそらく文化や価値観といった言葉の方が、しっくりくるかもしれません。宗教であって宗教でない。それが日本人と神様とをつなぐ、ゆるやかながらもしっかりとした絆です。

それでも過去の神道思想家や歴史家、学者たちは神道の教えを理解し、広めるため、さまざまな言葉を紡いできました。ここでは清らかな人生を送る手がかりとなりうる先人の金言を紹介しましょう。

心だに　誠の道に　叶いなば
祈らずとても　神や守らん

（伝《でん》菅原道真《すがわらのみちざね》『道歌教訓和歌辞典《どうかきょうくんわかじてん》』）

心にやましさがなく、正直に生きていれば、ことさら神様に祈らなくても守っていただけるだろう。

一心の清きは、神のましますが故也《ゆえなり》。
鏡の清く明《あきらか》なるが如《ごと》し。

（林羅山《はやしらざん》『神道伝授《しんとうでんじゅ》』）

心が清らかなのは、神様がいらっしゃるからである。そう、人間の心は、磨かれた鏡のように清らかで明るい。

内外清浄になりぬれば、神の心と我心《わがこころ》と隔たりなし。
すでに神明《しんめい》に同じなば、
何を望てか祈請《きせい》のこころ有るべきや。

（坂十仏《さかじゅうぶつ》『伊勢太神宮参詣記《いせだいじんぐうさんけいき》』）

心身が清浄であれば、神様の御心と私の心に隔たりはない。つまり、清らかであるのならば、神様と心が通じているということ。だから、あれこれと神様に加護を願う必要はない。

2章

神様が宿る家の整え方

我が家にも、たくさん神様がいらっしゃいます。
玄関、リビング、浴室、台所、トイレ、寝室……。
もっとも身近で、もっとも縁深い神々がくつろげるよう、
我が家と暮らしを整えましょう。

家のなかを整えて神様をおもてなし

清めることで家も人も神様も若返る！

みなさんの家に大切なお客様がやって来るとしましょう。玄関の靴は揃えられているかな、リビングには掃除機をかけて拭き掃除もしよう、トイレも念入りにキレイにして……、などなど、まずは家のなかを整えることからおもてなしがはじまりますよね。お客様への感謝や敬意のあらわれとして、目に見える汚れや乱れを清めていくのです。

我が家を守ってくれる神様は大切なお客様であり、家族でもあります。やはり家のなかを清らかに整えておくことが、神様に対する最上級のおもてなしとなります。神社同様、毎日の掃除を心がけましょう。

とはいえ、現代人はなにかと忙しいもの。難しい場合は、2日に1回、土

日にまとめてなど、ライフスタイルに合った頻度でいいでしょう。「掃除」と構えずに、ホコリや水垢など目に見える汚れに気付いたら、ササッと掃いたり拭いたりする。これだけでも十分に家のなかが清められます。

また、日本には昔から「常若《とこわか》」という考え方があります。「いつまでも若々しく、瑞々《みずみず》しい」という意味です。日本の最高神である天照大御神《あまてらすおおみかみ》をはじめ、多くの神々が鎮座する伊勢神宮は、20年に1度、すべての社殿と神宝を造り替える「式年遷宮《しきねんせんぐう》」を行います。古びて傷みが出る前に神様のお住まいや道具、調度品を新しくすることで、神々が「常若」となり、未来へとつづくフレッシュなパワーに満ちあふれると考えられてきたのです。我が家の神様にも常若でいていただきたいものですが、家の建て替えは現実的ではありません。くたびれた家具を新調する、定期的に模様替えをする、溜まった不用品を整理するなどして、家も人も神様もリフレッシュしていきましょう。

天照大御神
日本の最高神で女神。太陽を司る。伊勢神宮をはじめ、全国各地の神社で祀（まつ）られている。

式年遷宮
「式年」は定められた年数のこと。「遷宮」は神社の社殿を造営か修理をし、新たにご神体を遷すこと。いわば神様のお引っ越し。

ハタキと箒を使えば清めの掃除力がアップ！

掃除道具と神様の関係

掃除道具とひと口に言っても、最近はじつにさまざまなものが出回っています。掃除機ひとつにしてもコードレスタイプやハンディタイプ、はたまたロボットタイプなどがありますし、窓用、浴室用、フローリング用と、掃除する場所に合わせた化学雑巾や洗剤も豊富です。

掃除は家や心を清めるために行うのですから、便利な道具はどんどん取り入れていきましょう。不便だったり無理をしたり、掃除でストレスを抱える必要はありません。お気に入りの道具を使うことが「スッキリした」と実感できる掃除につながります。

日本人が受け継いできた、昔ながらの掃除道具を見直してみるのもいいでしょう。たとえばハタキ。窓や障子の桟《さん》、照明器具、家具の上など手の届きにくいところに積もったチリやホコリをはたき清める道具です。かつては着古した着物を裂いて柄にくくりつけてつくっていたため、一家に1本は自家製のハタキがありました。

ところでこのハタキ、神職が修祓《しゅばつ》で用いる大麻《おおぬさ》に似ていると思いませんか。家のホコリを祓い清めるハタキのルーツは、罪穢《つみけが》れを祓《はら》い清める大麻にあるともいわれています。昔の人々は、目に見えない穢れもハタキが清めてくれると考えていたのでしょう。

チリやホコリを掃き集める箒にも神様は関係しています。箒の「掃き出す」働きと産道から赤ちゃんを出す出産が重なり、お産の神様・箒神《ほうきがみ》として信仰されてきました。妊婦さんのお腹を箒で撫でると安産になる、妊婦さんが箒をまたぐと箒神が怒って難産になる、といった言い伝えがあります。また、箒を逆さにして立てておくとお客様が長居をしないというおまじないも、先人が箒の掃き出す力を頼みにしてきた証です。

目に見える汚れとともに穢れも清めたいときには、ハタキや箒を使って我が家を掃除してみてはいかがでしょうか。

>修祓
神事に先立って行うお祓い（P16〜）。

>大麻
神職が用いる祭具（P17）。

災いの侵入を防ぐ門番・アメノイワトワケ〈玄関〉

玄関は鳥居であり結界

古来、幸いも災いも、すべては玄関（門）からやって来ると考えられてきました。お正月に門松をしつらえたり、節分にやいかがしを飾ったりするのもそのためです。

そんな玄関を守ってくれる神様はアメノイワトワケ。天照大御神が天《あま》の岩《いわ》屋《や》という洞窟に籠もり世界が闇に包まれたとき、岩屋の戸を開くのを手伝ったといわれています。また、もとは天の岩屋の戸だったという神話もありますから、ガッチリと我が家をガードしてくれる頼もしい神様なのです。

玄関は神社でいうところの鳥居です。外界と神域とを隔てる結界であり、出入りするたびに清められる祓いの場所となるように整えましょう。

門松
新年を連れて来る神様・年神様（としがみさま）を出迎えるために飾る（P127）。

やいかがし
イワシと柊(ひいらぎ)を組み合わせた、鬼を祓うおまじない（P135）。

鳥居
神域を示す神社のシンボル（P100）。

縁起物

福を呼び、災いを除ける縁起物を飾る場合は日々感謝を忘れずに。ホコリが積もっていないか、汚れていないか心を配ります。

玉砂利《たまじゃり》

神社の境内で見られる玉砂利の「玉」は、貴重な宝石などを意味する言葉で、上を歩くたびに心身が清められます。また、砂利を踏みしめる音が邪気を祓うとも。玉砂利を敷くことが難しい場合は、少量を器に入れて飾ってもいいでしょう。

下駄箱

下駄箱は汚れや湿気、臭いがこもりやすい場所です。定期的にすべてのものを取り出して、しっかりと掃除しましょう。掃除を終えたあとは風を通すために、靴を戻さずにしばらく開けたままにしておきます。

箒

ホコリや砂、泥とともに災厄もやって来ます。こまめに掃き清められるよう、専用の箒を用意。

履物

出しておくのは必要最低数のみ。ゴチャゴチャと靴があふれていては、お客様も福も入るのに二の足を踏んでしまいます。

生活を守る地域の守り神・氏神様〈リビング〉

家族が集まりくつろぐ場所に神棚を

氏神様は、それぞれの地域に祀られている神様です。氏神様が守護する地域で暮らす人々は、みなさん等しく「氏子」となります。神田明神ならば、神田や日本橋、秋葉原などで暮らす方が氏子です。引っ越した場合は、転居先の地域を守る氏神様の氏子となります。生活の基本である家を見守る神様ですから、ご縁で結ばれたもっとも身近な神様ともいえるでしょう。

昔から氏神様の居場所は、その家で暮らす家族が集まり、くつろぐ居間（リビング）がふさわしいと考えられてきました。そのために神棚をしつらえ、神札《おふだ》をお祀りしてきたのです。神棚のあるなしにかかわらず、明るく風通しのいいリビングが氏神様を元気にします。

氏神様
「氏神様」という神名の神様がいるわけではない。

神棚・神札

神様のお住まいである神棚をしつらえる場合は4章（P110～）を参考に。神札も家族の集うリビングにお祀りします。

窓

こまめに換気をして風通し良く。空気が澱むと人も神様も澱みます。

照明

ホコリや汚れを清めると、お部屋の雰囲気がグンと明るくなります。

テーブル

「拭く」は「福」にも通じます。できれば食事のたびにフキンで拭き清めます。

ラグ

敷きっぱなしにせず、月に1度は天日に干してダニやホコリをたたき出しましょう。

床

もっとも目につく床はキレイに保ちましょう。フローリングは水拭きに弱いため、掃除機や箒で掃除したあとは市販のペーパーモップで仕上げを。汚れがひどい場合は固く絞った雑巾で。

火事を防いで家事をサポート・竈神《かまどがみ》〈台所〉

「カマジン」「ヒオトコ」地方で呼び方色々

台所をお住まいにする神様は竈神。煮炊きにかかせない竈、現代ではガスコンロやＩＨコンロに宿る火の神様です。火は便利な反面、火事となれば命や財産を奪う恐ろしいものであるため、畏れ、敬われ、大切に祀られてきました。竈の近くに神棚をしつらえたり、神札を置いたりして我が家の火が猛威をふるわないように祈ってきたのです。

「カマジン」「ヒオトコ」「荒神《こうじん》」「ドックサン」など、地方によってさまざまな名前や姿で伝わっているのも竈神の特徴です。台所を切り盛りする女性が親しんできた神様でもあるため、料理の上達や子育て、倹約にも力を貸してくれることでしょう。

＞神札
火災除けの神札を授けている神社もある。火を司る神様をご祭神とする秋葉神社や愛宕神社が有名。

＞ヒオトコ
いわゆるヒョットコ。特徴でもある突き出した口は、竈の火を盛んにするために息を吹き込む顔つきに由来する。

神札

竈神の神札や火災除けの神札はコンロの近くへ。1年間お祀りし、感謝を込めて神社にお返ししたあと、再び新しいものにするのがベストです。

荒神宮《こうじんみや》

台所の神棚は荒神宮と呼ばれます。なかに神札を納めてお祀りします。荒神宮ではなく、ヒョットコのお面や布袋《ほてい》の人形を飾って火災除けとする風習もあります。

コンロ

油はねや吹きこぼれは放っておくとこびりついて簡単には落とせなくなります。面倒でも調理後にサッとひと拭き。竈神はキレイなコンロを好みます。

シンク

水垢の原因となる水滴や水しぶきが残らないよう、拭き取る習慣を。食器も使い終わったらすぐに洗うようにします。

すべてを水に流す癒しの女神・ミツハノメ〈浴室・洗面所〉

水を大切にすることで神様と仲良くなれる

洗面や入浴にかかせない水を司る神様・ミツハノメは、自然界にあるさまざまなものを生み出した伊邪那美命《いざなみのみこと》の尿から生まれた女神です。神名には「水が走る」「水が這う」という意味が含まれ、雨の神様としても知られています。

現代では蛇口をひねれば簡単に水を手に入れることができますが、かつては井戸を掘り、水を汲み上げ、という苦労がつきものでした。だからこそ昔から日本人は、水と水の神様であるミツハノメに感謝してきたのです。

蛇口という便利さに甘えて、水を無駄づかいしていませんか？　手水や入浴によって罪穢れを「水に流せる」のも、ミツハノメがいてこそ。水を大切にすることが、ミツハノメと仲良くなるための近道です。

＞伊邪那美命
禊を行った神・伊邪那岐命（いざなきのみこと）の妻。

＞井戸
ミツハノメは「井戸神」という名前でも祀られてきた。

鏡

水はねや石けんカスで鏡が曇ると、その鏡に映る自分も曇って見えます。洗面や歯磨きのあとにサッと拭き清める習慣づけを。

窓

浴室につきもののカビは汚れ＝穢れにつながるだけでなく、さまざまな疾患を招きます。換気によって湿気を飛ばし、カビの発生を防ぎましょう。窓がない場合は、壁や床の水滴を拭き取ることで予防できます。

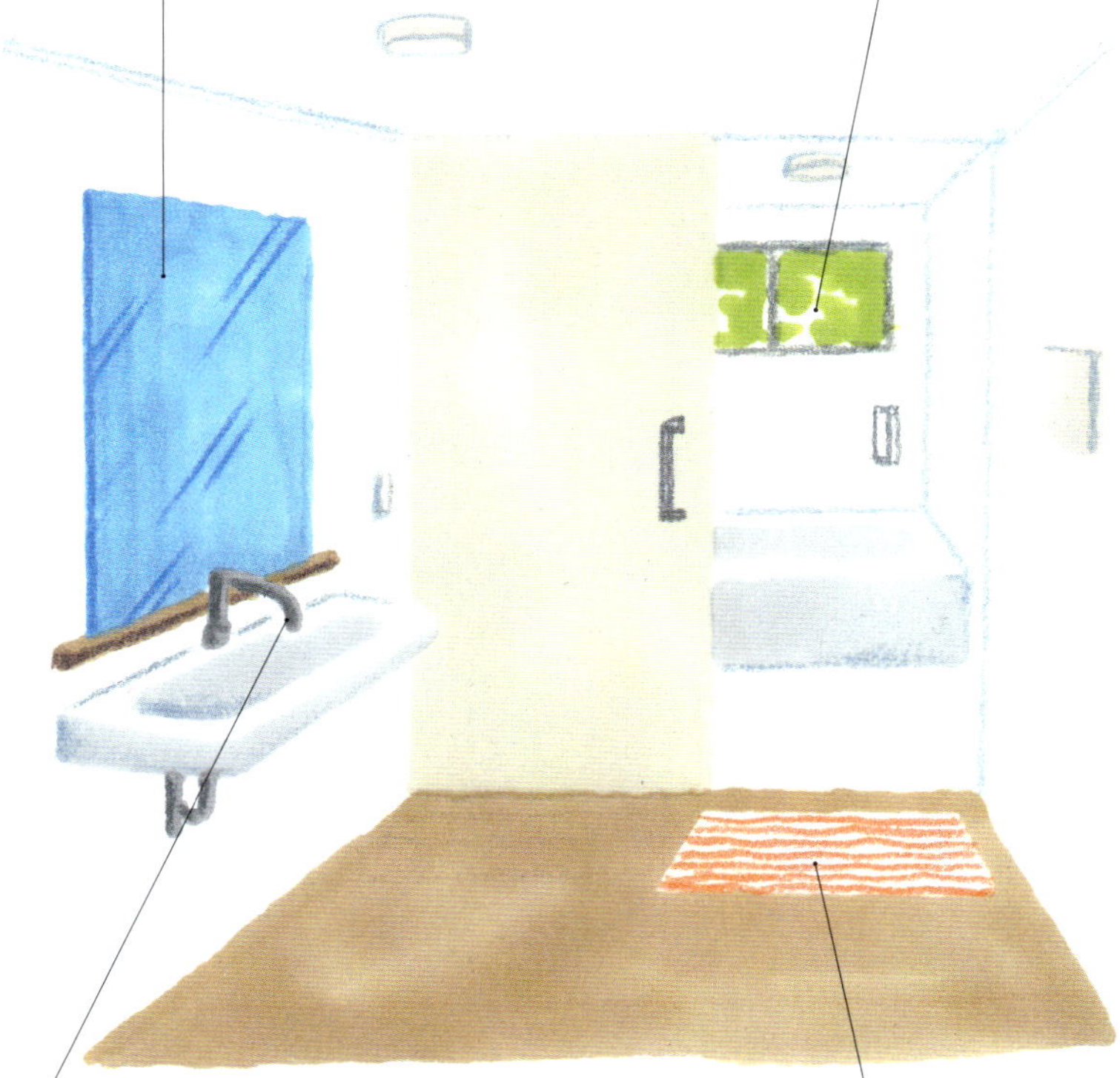

蛇口

水を流しっぱなしにするのはＮＧ。ミツハノメの恵みであり、限りある資源である水に感謝し、大切に使います。

足拭きマット

キレイに見えてもカビやダニの温床になっています。できれば毎日交換を。珪藻土製などの速乾タイプもオススメです。

女性と美の応援団長・厠神《かわやがみ》〈トイレ〉

妊婦がトイレ掃除をすると美しい子が産まれる⁉

古来、トイレは汚らしい場所ではなく、神様の住む神聖な場所だと考えられてきました。トイレの神様のお名前は厠神。「便所神」や「雪隠神《せっちんがみ》」と呼ぶ地域もあります。厠神は我が家のトイレと、そのトイレを使う家族の守護神です。ご神体として、紙で折った男女の人形や木彫り、もしくは土製の人形をトイレに祀る風習が各地に残っています。

厠神は、命を生み出す力を持ち、箒神、山の神とともにお産に立ち会うのだそうです。「妊婦さんがトイレ掃除を頑張ると、顔の美しい子供に恵まれる」という言い伝えもあります。さらに、女性の髪や肌を美しくする力があるとも。もっとも汚れやすい場所には、美を応援してくれる神様がいるのですね。

> 山の神
山に宿る神様の総称。1年に12人の子供を産むとされる。

厠神の人形

厠神の人形を祀る風習は宮城県や石川県、富山県、岡山県などに残り、今も人形が生産されています。いずれも素朴でかわいらしい姿の神様です。

タブー

厠神は怒ると怖い神様でもあるため、タブーが全国各地に残っています。「裸で入らない」「便器に唾を吐かない」が代表的。厠神に敬意を払ってトイレを使うことが大切なのです。

便座まわりと床

とくに汚れやすい便座まわりと床は、使ったあとにすぐ除菌ペーパーなどで拭き清めるようにすると、キレイな状態をキープできます。エチケットとして家族全員でシェアできると理想的ですね。

雪隠参り

無事に赤ちゃんが生まれると厠神にお礼をし、さらなる子供の健康を願う「雪隠参り」という風習もあります。

安眠と吉夢をもたらす夜の使者・枕神〈寝室〉

睡眠そのものがお祓いに

私たちが人生の3分の1を過ごす寝室、さらに細かくいえば寝具にも神様がいます。枕に宿る神様・枕神です。昔から眠っている間に見る夢は、「枕神」となってやって来た、その人の信じる神様のお告げだと考えられてきました。今でも私たちは、1年を幸せに過ごせるという神様のお墨付き、縁起の良い初夢を望みますよね。また、悪夢をなかったことにするさまざまなおまじないも伝わっています（P45「枕」参照）。

グッスリ眠った翌日には心身がスッキリと回復していることから、睡眠そのものをお祓いと考えることもできます。明日の活力をチャージするためにも、枕神から良いお告げをいただくためにも、寝室と寝具を整えましょう。

▼枕
「枕」の語源は、「真座（まくら）」だとする説がある。「マ」はすぐれている、「クラ」は神様が宿る場所という意味。

▼初夢
「一富士・二鷹・三茄子（いちふじ・にたか・さんなすび）」が代表的。

枕

カバーを交換したり、日に干したりとこまめな手入れを。悪い夢を見てしまったら、「『バク』と３回唱える」、「枕を３回叩いて裏返す」といった風習があります。バクは悪夢を食べてくれる神獣です。

カーテン

明るい寝室は心の不調につながるという研究結果もあります。遮光タイプのカーテンやブラインドで暗闇を確保しましょう。古《いにしえ》の人々は清らかな闇を「浄闇《じょうあん》」と呼び、大切にしていました。

パジャマ

１日着ていた服は垢やホコリにまみれています。疲れていても、きちんと清潔なパジャマに着替えて布団へ。

布団

寝汗は穢れそのもの。布団カバーもシーツも、夏場はとくにまめに交換しましょう。

引っ込み思案な守り神・納戸《なんど》神《がみ》〈クローゼット〉

お産、婦人病など女性の味方

若い方は「納戸」と聞いてもピンと来ないかもしれません。かつての日本家屋には衣服や家財道具を収納しておく場所として、納戸という部屋が設けられていました。現代でいうところのクローゼットです。ときに納戸は、収穫物の保管庫や、出産の場にもなりました。

そんな納戸にいる納戸神は、一家の主婦が中心となってお祀りしてきた神様です。そのためお産を助け、婦人病を除ける女性の守り神としても信仰されています。また、恵比寿様と大黒様の福神コンビが納戸を守っている地域も多く見られます。奥まった場所にいるせいか、納戸神は恥ずかしがり屋。家の片隅から、こっそりと私たちを見守ってくれています。

∨恵比寿様
釣竿を持ち、鯛を抱えた姿で知られる漁業の神様。商売繁盛のご神徳でも有名。

∨大黒様
米俵と打ち出の小槌がシンボルの神様。豊作をもたらすとともに、縁結びを司る。

整理整頓

「あの帽子、どこにいったかな？」となかのものを引っ張り出して探さなくてはいけないようなクローゼットでは、納戸神も息苦しいことでしょう。整理整頓は神様が宿る家の基本です。

衣服

ぎっしりと衣類をかけておくと、風が通らずにカビが発生しやすくなります。定期的に手持ちの衣類を見直して、着ていないものは思い切って処分を。

シーズンオフの衣服

シーズンオフの衣類はカビや虫食いを防ぐよう、防虫剤とともに収納します。浴衣をはじめとする和服は年に１度は風を当てるようにしましょう。

磨いた者を加護する神秘の力・イシコリドメ〈鏡〉

鏡をピカピカにして曇りのない人生に

万物を映し出す鏡は、大昔から人と神様の暮らしに寄り添ってきました。古代遺跡からは多くの鏡が発掘され、神祀りで大切な役目を担っていたことがわかっています。『古事記』では、天の岩屋に籠もった天照大御神を誘い出すための聖なる道具として、鏡が登場します。知恵の神様に命じられ、鏡をつくったのはイシコリドメでした。

神社のもっとも神聖な空間、本殿には神様が宿るご神体が安置されています。ご神体を鏡とする神社が多いのは、やはりこの道具のもつ神話と神秘的な力によるものです。イシコリドメからの賜物である我が家の鏡をピカピカに磨いて、曇りなき人生を映していただきましょう。

›イシコリドメ
金属加工や工芸品の守り神でもある。

鏡

ドレッサーや洗面台、手鏡、コンパクトの鏡と意外に鏡は多いもの。汚れを見つけたら水拭きし、そのあとにから拭きします。

鏡のまわり

化粧品やヘアスプレー、ブラシなど美を磨く道具だからこそ周辺はスッキリと。

もしも割れたら？

昔から鏡が割れることは凶兆とされてきました。一方で、鏡が自分の身代わりとなって不幸を背負ってくれたと考えることもできます。感謝の念とともに処分しましょう。

庭先に鎮まる家全体の拠りどころ・屋敷神《やしきがみ》〈庭〉

我が家を守ってくれる頼もしい存在

屋敷の片隅やすぐそばの土地に、祠《ほこら》が建立されているのを見たことがあるでしょうか。この祠にいらっしゃる神様が屋敷神です。都会では少なくなりましたが、地方の農家や商家では今でも大切に受け継がれています。屋敷の神様というだけあり、家全体を守りつづけてきた頼もしい存在です。

屋敷神として祀られている神様は家によってさまざま。地域の神様である氏神様や商売繁盛でおなじみの稲荷神《いなりのかみ》をお迎えしている場合もあれば、祖先の霊をお祀りしている場合もあります。屋敷神はご先祖様から託された、一族の心の拠りどころです。核家族化が進む今だからこそ、その尊さ、ありがたさが際立ちます。

>稲荷神
「お稲荷さん」の愛称で親しまれている神様。

>祖先の霊
亡くなってから一定年数（多くは33年）以上経った個人の魂は、多くの先祖とともに「祖霊」と呼ばれる神となる。

祠

一般的には木造や石造の祠が多いものの、石や岩そのものを屋敷神とする場合もあります。お参りの作法やお祭りの日などは、受け継がれてきた家のしきたりを大切にしてください。

窓

祠からきちんと家族を見守っていただけるよう、窓ガラスは汚れのない状態がベストです。

季節の花や緑

自然への敬意が神祀りのルーツ。毎日の暮らしのなかで、四季の巡りを感じられる彩りを取り入れてみましょう。

草むしり

祠の周辺が雑草で覆われることのないように心がけます。落ち葉やゴミにも注意を払います。

不用品の捨て方ひとつで運気も変わる

感謝の念とひとつまみの塩で清めて捨てる

「付喪神《つくもがみ》」もしくは「九十九神《つくもがみ》」という言葉をご存知でしょうか。日本では、何世代にもわたり使われてきた日用品には魂が宿り、自らの意思で動き出すようになると信じられてきました。それが付喪神です。神と名前がついていますが、妖怪といったほうが近いかもしれません。大きな一ツ目を見開いて、1本足でぴょんぴょんと飛び回る「唐傘《からかさ》お化け」や、同じく一ツ目の「提灯《ちょうちん》お化け」も付喪神の一種です。

　大切にされてきた道具が化身した付喪神は人間の助けとなり、粗末に打ち捨てられた道具が付喪神となった場合は悪さをしたといわれています。樹木や岩、滝などに神様を感じてきたのと同様、日本人はモノにも魂があると感

＞九十九神
「九十九」は長い年月を意味する。

じてきたのです。

そのため、それまで力を貸してくれた日用品も、礼を尽くして処分してきました。全国各地に日用品をねぎらう「道具塚」や感謝を捧げる神事があるのはそのあらわれ。代表的なものには、2月8日に全国の寺社で催される針供養があります。

神社で行う「お焚《た》き上げ」も、モノへの敬意から生まれました。清浄な火の力によってモノに宿る魂を清めるのです。

今、私たちの周りにはたくさんのモノがあふれています。便利で手軽な商品を求めるなというのも、難しい話です。しかし、なんの疑問もなくモノを使い、捨てていくことは、日本人が大切にしてきた心もちも捨てていくことにつながります。モノを処分する際は感謝の念を忘れずに。ひとつまみの塩を振りかければ、さらに清めの力が強くなります。

道具塚
道具を清め、ねぎらうための塚。針塚、櫛塚、包丁塚などがある。

針供養
折れたり曲がったりした針をコンニャクや豆腐に刺しねぎらうとともに、さらなる裁縫の上達を願う行事。12月8日に行う地方もある。

お焚き上げ
神社の境内などで火を焚き、神札やお守り、縁起物を燃やすこと。

塩
塩は清めの力をもつ（P88〜）。

美しい言葉づかいが幸いを招く

「言霊の幸《さき》わう」家

日本人は昔から、言葉にも神様が宿ると考えてきました。美しい心から生まれたキレイな言葉は幸いをもたらし、穢れた心から生まれた乱暴な言葉は災いをもたらすとする「言霊信仰《ことだま》」です。

さらに「死」や「病」といった単語を口にするだけで穢れてしまうという考えも生まれ、平安時代の伊勢神宮では、それらの単語を「忌詞《いみことば》」に置き換えて話していました。

言霊信仰が遠い昔の風習かといえば、そんなことはありません。結婚式の祝辞では不和や別れを感じさせるような言葉はタブーですし、お葬式の弔辞では死や不幸の繰り返しを連想させる「たびたび」や「重ね重ね」といった

忌詞
伊勢神宮で用いられたのは斎宮（いつきのみや）忌詞。「死」は「奈保留（なおる）」、「病」は「夜須美（やすみ）」と言い換えられた。

単語を避けるのがマナーですよね。

飛鳥時代の歌人・柿本人麻呂《かきのもとのひとまろ》は日本を「言霊の幸《さき》わう国」と称えました。言葉に宿った神様の力によって幸せである国、という意味です。当時の人々が美しく、清らかな言葉づかいを心がけ、その言葉づかいに誇りをもっていたことがわかります。

しかし昨今、お世辞にも美しいとはいえない言葉が氾濫しているように見受けられます。自分の顔と名前を伏せてコミュニケーションできるインターネット上では、口にするのもためらわれるような、攻撃的な物言いをする方もいるようです。

また、喜怒哀楽といったすべての感情を「ヤバい」のひと言で片づけてしまうような語彙力と感性に、はたして言霊は幸いをもたらしてくれるでしょうか。

日本の風土と先人が育んだ美しい言葉は幸運を招きます。「ありがとう」「いただきます」「ごめんなさい」といった挨拶ももちろん同じです。できる範囲でかまいません。美しい言葉づかいを心がけて、「言霊の幸わう家」にしていきましょう。

我が家の神様が喜ぶ夏の大掃除

6月30日、半年分のチリ、ホコリ、湿気の穢れをリセット

年末に行う大掃除は、1年間で溜まった汚れと穢れを清める年中行事として受け継がれてきました。普段の掃除はお母さんにまかせっきりでも、このときばかりは一家総出で、というお宅も多いことでしょう。

大掃除は、これまで紹介してきた我が家の神様たちと仲良くなるため、というよりは新年を連れて来る年神様を迎えるために行います。家の隅々までキレイに清め、年神様をおもてなしする準備をし、その準備が整ったサインとして正月飾りをしつらえるのです。

ならば、ともに暮らす我が家の神様たちのための大掃除もしたい。そう考えたとき、ひとつの目安となるのが6月30日です。

年神様
五穀豊穣と新年をもたらす神。お正月に各家庭にやって来る。「正月様」、「歳徳神（としとくじん）」といった名前で呼ぶ地域も。

6月30日は、ちょうど1年の折り返し地点。各地の神社では、新年からそれまで、つまり上半期のうちに私たちの心身に積み重なった罪穢れを祓う「夏越《なごし》の祓《はらえ》」を行います。半年分の罪穢れを祓い清め、新たな活力を得ることで災厄や病気をはねのけるのです。

これを「家」に置き換えてみましょう。普段の掃除で手がまわらない部分にはチリやホコリが相当積もり、梅雨時の湿気によって、思わぬところにカビが発生しているかもしれません。布団や畳を干す、来たる本格的な暑さに備えてエアコンの手入れをする、クローゼットや押し入れの空気を入れ換える。冬場とは異なる大掃除が、新たな清らかさをもたらします。

神事ではないため、必ず6月30日に行う必要はありません。天日干しに必要な晴れ間はこの時期貴重です。今年も残り半分か、と感じたタイミングや天気と相談しつつ、夏の大掃除で我が家を清めましょう。

>夏越の祓
詳細（P142〜）。

コラム……2

鬼《き》門《もん》ってなんだろう？

「鬼門」とは悪いものが入ってくる、不吉なことが起きるとされている方角で、一般的には北東を指します。そこから転じて、苦手や弱点、敬遠したい人といった意味をもつようにもなりました。「今回の期末テストは数学が鬼門だ」といった具合です。

もともと鬼門という言葉は古代中国で誕生しました。すべての亡霊や鬼が集まる山、度朔《どさく》が北東に位置していたことに由来するそうです。邪悪なものが集まる場所、という意味は今のままですが、方角についてはとくに限定されていませんでした。

それが日本に伝わると、方位の吉凶を占ったり、暦の作成をしたりする陰陽道《おんみょうどう》の影響を受け、新たに「北東」という方角禁忌が加えられます。当時北東を「艮《うしとら》」と呼んでいたため、鬼門に集う鬼のイメージが「牛のように角があり、虎の毛皮を身にまとっている」というものになっていったともいわれています。

鬼門が広まるとともに、人々は「いかに悪いものの侵入を防ぐか」に心を砕くようになりました。「難を転じる」に通じる南天や鬼の嫌う柊《ひいらぎ》を北東の庭先に植えたり、屋根に恐ろしい形相の鬼を彫刻した鬼瓦を据えたり、さまざまな「鬼門封じ」が生まれ、今でも頼りにされています。

また、都市計画においても鬼門封じは重要事項でした。日本を代表する古刹・比叡山《ひえいざん》延暦寺《えんりゃくじ》は、平安京の鬼門を守るために建立されたそうです。時は下り、戦国の乱世を平定し江戸幕府を開いた徳川家康公も、やはり鬼門を恐れました。幕府にふりかかる災厄は、ようやく手にした平和を揺るがす戦乱のタネともなりえたからです。そこで頼みとされたのが神田明神で、江戸城の鬼門にあたる外神田の地に遷座しました。以来、「江戸《えど》総鎮守《そうちんじゅ》」の称号とともに東京の街を守りつづけています。

鬼門は今を生きる私たちにとっても、いまだ重要な問題です。間取りを気にするがあまり、引っ越しや新築をやめてしまったというお話もときに聞きます。完璧な鬼門封じなどは存在しないのかもしれません。

しかし、むやみに鬼門を怖がるよりも、難を転じる南天を植えたから問題解決、といった先人のユーモアやおおらかさを見習うほうが楽しいですよね。もちろん鬼門を清浄にしておく努力は必要ですが、「できることはしているから災いは入ってこない!」と前向きに、朗らかに生活していく心もちこそが、悪いものを封じる力となるように思います。

3章

家と人を清める日々の暮らし

日本人は古来、「清らかであること・清らかになること」を大切にしながら日々を過ごしてきました。その証でもある「お清め」の数々は、気持ちを切り替えて前に進む大切さも教えてくれます。

朝5分の日光浴で清らかな1日をスタート！

太陽の女神・天照大御神《あまてらすおおみかみ》の力が心に平穏をもたらす

日本の最高神である天照大御神は、「天を照らす」の名前があらわす通り、太陽の神様です。黄泉《よみ》の国で死に触れ、穢《けが》れた体となった伊邪那岐命《いざなきのみこと》が禊《みそぎ》を行った際に生まれました。天照大御神は、誕生を喜んだ伊邪那岐命から高天《たかまの》原《はら》を治めるように命じられます。さらに天照大御神の子孫が地上に降り、天皇家の祖先となったことから、もっとも貴《とうと》い神様として祀《まつ》られるようになり、「日本の総氏神様」として敬われるようになりました。

米づくりをはじめとする農業が盛んだった日本では、植物の成長をもたらす太陽の光はなによりもありがたいものでした。「お日様」と太陽に敬称をつけたり、初日の出を拝んだりするのも、日本人が抱いてきた敬意のあらわ

▽高天原
天の神々が住む場所。

れです。さらに太陽の光は、物事を正し、災いを除ける清めの力をもっていま す。そのパワーの絶大さは『古事記』などの日本神話で、以下のように記されています。

天照大御神が弟神・スサノオの乱暴に恐れをなし、天《あま》の岩屋《いわや》に閉じ籠もったときのこと。天も地も闇に包まれ、いつまでも夜が明けません。世の秩序は乱れ、あらゆる災いがいっぺんに起こりました。困った神々は工夫を凝らし、無事に天照大御神を岩屋から引き出すのに成功します。すると世界は明るさと秩序を取り戻し、災いも消え去っていきました。

「秩序」は、正しい筋道や順序を意味します。ひいては、心のありようや生きる姿勢も含まれるでしょう。妬み、怨み、他者への感謝の欠如、嘘、怠け心……。災いをもたらす罪穢れは、日々私たちの心にネガティブな感情として湧き上がります。ネガティブな気持ちに飲み込まれそうになったときこそ、日光を浴び、天照大御神の力で心を清めていただきましょう。医学的に見ても、日光浴が気持ちを安定させる神経伝達物質、セロトニンの分泌を促すことが証明されています。起床後、5分ほど朝日を浴びるとともに、天照大御神に感謝を捧げることを日課とするのもオススメです。

満月と新月には願いごとを

旧暦と二十四節気《にじゅうしせっき》をヒントに神様の力をいただく

明治時代以前、日本人は旧暦とともに日々の暮らしを送っていました。旧暦は別名、太陰太陽暦。新月を「朔日《ついたち》」とし、満月を経て次の新月に戻るまでを1か月とする太陰暦と、地球が太陽を1周する期間を1年とする太陽暦を組み合わせたものです。新月から新月までは平均29・5日かかります。つまりほぼ30日のため、新月は1日、三日月は3日、満月は15日、といった具合に、夜空に浮かぶ月の満ち欠けによって日にちを把握していたのです。

新月と満月のときには神様のパワーが活発になり、願いごとが成就しやすいという考えも生まれました。毎月1日と15日に神社にお参りする風習や、月次祭《つきなみさい》を1日や15日に執り行う神社が多いのは、その名残りです。それにな

∨29・5日
29・5日を1か月とすると、12か月では約354日。太陽暦の365日とはズレが生じるため、定期的に「閏月（うるうつき）」を設けて調整していた。

∨毎月1日
「おついたち参り」の名で知られる。

∨月次祭
神社で毎月行われるお祭り。

らい、毎月1日に神社に参拝したり、神棚や神札《おふだ》に手を合わせたりしましょう。穢れのない清らかな気持ちで新しい1か月がはじめられますよ。

また、太陽暦の1年を24等分して季節を捉える「二十四節気」も、1年の節目を教えてくれる大切な指標となっていました。旧暦も二十四節気も、自然の仕組みと季節の移り変わりをもとに生み出された暦です。八百万《やおよろず》の神様の息づかいを感じ取るための暦といってもいいでしょう。どの節目にも由来や物語があり、神様が関係しています。グレゴリオ暦で動いている現代、旧暦や二十四節気に注目する機会はあまり多くありません。だからこそ、5章で紹介する年中行事をはじめとした古来の季節の節目を大切にして、神様との絆を深めていきましょう。

∨グレゴリオ暦
「新暦」とも呼ばれる。日本では、1873年1月1日から導入された。

邪気は換気と腹式呼吸で「無邪気」に

風が通らない家は「気」が澱《よど》んでいく

災いや病をもたらす悪い「気」が邪気です。また、ひねくれた気持ちや素直でない心も、邪気といいます。そこから、純粋で偽りがない様子をあらわす「無邪気」という表現も生まれました。

邪気は外からやって来るだけでなく、日々家のなかでも生まれていきます。閉めきった家のなかでは気がどんどん溜まり、澱み、邪気へと変わっていくからです。「流れる水は腐らず」ということわざがありますが、気も同様。空気を入れ換えないと、家のなかがどんよりと重くなっていきます。

暑さや寒さが厳しい季節、エアコンをつけっぱなしにしてずっと窓は閉め切ったまま、なんてことはないでしょうか。1日のうちに数回は窓を開け放って、家のなかに季節の風を通してください。「大祓詞《おおはらえのことば》」には、祓戸大神《はらえどのおおかみ》の1柱であるイブキドヌシが、強い風を起こしてこの世の罪穢《つみけが》れや災いを吹き飛ばすさまが記されています。ホコリやチリを清める意味でも、掃除をする際の換気は忘れないようにしましょう。

また、私たち人間の換気、深呼吸も大切です。モヤモヤと気分が落ち込んだら大きく息を吸い、吐き出して邪気を追い出します。ストレスや疲れによって気持ちがささくれだっているときには、呼吸も浅くなってしまうのだとか。

次に紹介する腹式呼吸を意識してみましょう。

①ヘソの下あたりに手を当て、口をすぼませ、長くゆっくりと息を吐きながら、下腹部をへこませる。

②息を吐ききり、下腹部が限界までへこんだら、下腹部に空気を入れて膨らませるイメージで息を吸う。できるだけ鼻から空気を吸うのがポイント。

③めいっぱい息を吸いこんだら、3秒ほど息を止め、再び息を吐く。

①から③を3分ほど繰り返すだけで心身がスッキリし、邪気が清められたことを実感できます。

大祓詞
罪穢れを祓うため、大祓（P17）で奏上される祝詞（のりと）。祝詞は神様に捧げる言葉のこと。

「清めの入浴」で心身の垢を浄化！

身をすすぎ、湯船に浸かり、穢れを翌日に持ち込まない

黄泉の国から戻った伊邪那岐命《いざなきのみこと》が、死の穢れを祓うために禊を行ったことはお話ししました。衣服を脱ぎ捨て、裸になり、清らかな水に浸かり、身をすすぐ。この禊の一連の流れは、日本人の入浴ととても似ていますね。事実、古《いにしえ》の人々は入浴を禊の一種として捉えていました。端午《たんご》の節句の「菖蒲湯《しょうぶゆ》」や冬至の「柚子湯」は、節目となる日に特別なお風呂を用意し、心身を清める風習です。

　では、日常の「清めるための入浴」に必要な作法はなにか、伊邪那岐命の神話から考えてみましょう。

　まずは脱衣所で脱いだあとの衣服には、垢や汚れはもちろん、穢れもたっ

∨**菖蒲湯**
菖蒲の葉や根を浮かべたお風呂（Ｐ１４０）。

∨**柚子湯**
柚子の実を浮かべたお風呂（Ｐ１５５）。

ぷりついています。伊邪那岐命が脱いだ衣からは、煩《わずら》いをもたらす神が生まれました。入浴後、再び同じ服を身にまとうことはやめましょう。

次にかけ湯をし、髪や体を洗います。伊邪那岐命は川の流れに浸かり穢れをすすぎましたが、浴槽は水量が限られているため洗い場で穢れを清めます。伊邪那岐命が流した垢からは、災厄をもたらす2柱の神が誕生しました。災厄を祓うためにも、しっかりと丁寧に体を洗い、すすぎ清めます。

そして湯船。穢れをすすぎ、清らかな水に浸かる伊邪那岐命からは、さまざまな神様が生まれました。災いに打ち勝つ神々、海の神々、そして天照大御神をはじめとするもっとも貴い「三貴子《さんきし》」。湯船に浸かりリラックスすると「生き返る」などと思わず口をついて出てしまいますが、体の疲労を取る以上に、精神的に得るものが大きいのです。お清めに重点を置く場合は、前の日の残り湯や家族が入ったあとではなく、新湯《あらゆ》に浸かりましょう。心身の垢をサッパリと落とした湯上がりには、キレイに洗濯された衣服を着ます。

気温の高い季節などは、シャワーを浴びるだけで済ませてしまいがちですが、目に見えない穢れをすすぎ清めるためにも、定期的に湯船に浸かることが大切です。

>煩いをもたらす神
ワズラヒノウシノカミ。

>2柱の神
ヤソマガツヒノカミとオオマガツヒノカミ。「マガ」は「禍」で、災厄を意味する。

>災いに打ち勝つ神々
カムナオビノカミなど3柱。

>海の神々
ソコツワタツミノカミなど6柱。

>三貴子
天照大御神、スサノオ、月読命（つくよみのみこと）の3柱。

心身スッキリ！　自宅でできるお風呂場禊

自分の内面を見つめ、清らかな水で身をすすぐ

「浄明正直《じょうめいしょうじき》」をアイデンティティとする神職に禊はかかせません。神事や研修など事あるごとに禊を行いますし、なかには日課としている神職もいます。そのため、「自宅で禊をするにはどうしたらいいでしょうか？」と聞かれることがあります。しかし、神社で執り行う禊には神職の示す「正しい方法」がありますが、ご自宅で行われる場合は、「こうしなくてはいけない」という、いかめしいルールはありません。非日常のなかで自分の内面を見つめ、清らかな水で身をすすぎ、心身が浄化できた、穢れがリセットできたと感じられたならば、それは立派な禊となるのです。

ひとつの方法としては湯船に水を張り、それを裸の体に「かけ湯」のよう

＞正しい方法
一般的には「禊行法（みそぎぎょうほう）」と呼ばれるに作法に則って行われる。

に肩からかけていきます。水を溜めている間、大声を出したり、準備運動をしたりして体内の血流を増やしておきましょう。水を頭から勢いよくかぶる必要はありません。シャワーでもいいのですが、敢えて「水を湯船に張る」という行為とひと手間が、非日常につながると感じます。罪穢れを祓い、清めることを神様にお願いする略祓詞《りやくはらえことば》、「祓《はら》え給《たま》え、清《きよ》め給《ため》え」を唱えてもいいでしょう。回数もとくには決めず、ご自分のなかで区切りがついたら終えてください。

禊は寒さや冷たさを辛抱すればするほど清められる、というものではありません。とくに冬場は大きな危険が伴いますので、絶対に無理をしないでください。

神社のなかには、一般の方でも禊を行える神事を開催しているところもあります。氷柱を立てた水に浸かる、滝に打たれる、水を頭からかぶるなど、ひとくちに「禊」といっても、方法はさまざま。しかし、どの禊も終えられたみなさんは清々しい表情をされています。冬の禊を行いたい方は自己流ではなく、まずは神社で体験していただければと思います。

> **神事**
> 神田明神では1月の「だいこく祭」に合わせて寒中禊を開催している。

爪とともにネガティブな感情を切り捨てる

身だしなみを整える＝心も生活も整う

1年や人生の節目節目で罪穢れを祓い、清めることを大切にしてきた私たち日本人は、身だしなみにも気を配ってきました。子供の頃から身だしなみを整え、身のまわりを整理整頓するよう躾《しつ》けられた方は多いことでしょう。しかし最近、だらしない服装をしている方が増えてきたように思います。

身だしなみの乱れは心の乱れ、服の汚れは心の汚れにつながります。シャツやハンカチに、きちんとアイロンをかけていますか？　セーターやコートには毛玉ができていませんか？　シューズの傷みや汚れはどうでしょうか。

毎日着用する衣服だからこそ、洗濯で汚れを落とす、アイロンでシワを伸ばす、ブラシをかける、といったメンテナンスを大切にしましょう。小さな積み重ねが心を正しく整え、ひいては神様に愛される毎日へとつながっていきます。

清潔さだけでなく、「華美に飾り立てすぎない」よう心がけたいものです。神様に奉仕する巫女《みこ》は、基本的に染髪やパーマが禁じられています。派手なネイルやメイクも認められません。もちろん神職も同様。もって生まれた髪や爪を飾り立てるのではなく、美しく保ち、整えることで神様への敬意をあらわしているからです。

また、短く切り揃えられた爪は、神話から考えても清めにつながります。乱暴と狼藉《ろうぜき》の限りを尽くしたスサノオは、高天原を追放される際に手足の爪を短く切られました。スサノオの罪や穢れは、爪が代わりとなって祓ったのです。ネガティブな感情を抱いたときには、心を落ち着けながら爪を切り、爪とともに捨て去ってしまいましょう。

∨スサノオ
天照大御神の弟神。スサノオの乱暴狼藉を恐れて天照大御神は天の岩屋に閉じ籠もった。

元祖引き寄せ！　神話に学ぶ、笑顔の幸せ開運法

笑いで光と希望を取り戻した神々にあやかる

「笑う門《かど》には福来たる」「笑いに勝る良薬なし」「一笑一若《いっしょういちじゃく》」など、笑いにまつわることわざや名言の多くは、笑顔が幸いをもたらすことを伝えています。これは体験的に先人が得た教訓ですが、じつは神様が笑顔の大切さを教えてくれる神話もあります。

天照大御神が、スサノオを恐れて天の岩屋に閉じ籠もったときのことです。思案した知恵の神は、女神・アメノウズメに神楽《かぐら》を踊るよう命じます。アメノウズメは次第にヒートアップ。衣服は乱れ、どんどん神がかっていきます。ついには裸となり、その様子を見ていた八百万の神々は大きな声で笑い、囃《はや》し立てました。

∨一笑一若
「おおいに笑えば1歳ずつ若返る」という意味をもつ。精神科医でありエッセイストであった斎藤茂太の造語。

∨神楽
この踊りが神様をもてなすお祭りの原型ともされる。

「私という最高神がいないのに、どうしてみんなは笑っているのだろう？」と、不思議に思った天照大御神は、そっと天の岩屋の戸を開きます。そこにイシコリドメのつくった鏡が差し出され、その眩さをますます不審に思った天照大御神は身を乗り出します。すかさず力自慢の神様・タヂカラオが手を引き、外に連れ出しました。こうして、再び地上に光が戻ったのです。

神々は無事に窮地を脱し、天照大御神という恵みを取り戻しました。これは、笑いや笑顔がかけがえのないものをつなぎ、引き寄せる力をもつことを示しているのでしょう。

眉間に深く刻まれたシワ、しかめっ面、能面のような無表情。これでは人とのご縁、仕事のご縁、健康などが遠ざかってしまいます。泣いて暮らすも一生、笑って暮らすも一生。ピンチのときこそ、笑顔を忘れずにいたいものです。

「いただきます」「ごちそうさま」に感謝を込めて

食事を軽んじることは、生命を軽んじること

水と太陽、豊かな大地に恵まれた日本は、古くから農業が盛んに行われてきました。なかでも主食である米はもっとも大切で特別。生命《いのち》の源である米にまつわる言葉や言い伝えには、日本人が育んできた「食」に対する価値観がぎっしりと詰まっています。

「お米1粒のなかには7柱の神様が住んでいる」という言葉を聞いた経験がある方は多いでしょう。いや、神様がもっと増えて「お米1粒のなかには88柱の神様が住んでいる」だった、という方もいるかもしれません。数はさておき、米は神様の恵み、そして生命そのものであるために粗末にしてはいけない、というのが古来の考え方です。

米をはじめとする穀類も野の草も、神様によって地上にもたらされました。稲には「稲魂《いなだま》」という霊力が宿り、その生育や豊凶を左右するとされています。山の幸、海の幸をもたらすのも、山の神であり海の神です。昔から日本人は生かされている生命を謙虚に受け止め、つないできたのです。

しかし今は、そういった美徳が失われつつあります。食べきれないほどの料理を頼んだり、食材を腐らせ捨ててしまったり。スマートフォンやテレビに夢中になる「ながら食べ」で、食事に集中していません。箸づかいを含めた食事のマナーもどんどん忘れられているようです。

食事を前にしたら、まずは食材と食に携わるすべての人々に感謝しましょう。「いただきます」と「ごちそうさま」の挨拶は必ず心を込めて行います。「お金を出している側なのだから飲食店で『ごちそうさま』と言う必要はない」といった話を聞きますが、「いただきます」と「ごちそうさま」は、食材そのものと食に携わったすべての方々への謝辞です。ふたつの挨拶を軽んじることは、ひいては生命そのものを軽んじることにつながります。感謝を忘れず、美味しく無駄なく食べる。これが、最低限の食事作法です。

＞米
日本神話では、天照大御神の孫神・ニニギノミコトが米を地上にもたらしたとされている。

＞野の草
伊邪那岐命と伊邪那美命の御子神・カヤノヒメが野草の祖。

初物を食べて体のなかをアップデート！

春には山菜、夏は果物、秋はキノコ、冬は根菜

「初物七十五日《はつものしちじゅうごにち》」ということわざがあります。初物を食べると寿命が75日間延びるという意味です。「初物」とは、その季節にはじめて収穫した野菜や果物、魚介類を指します。「旬」に先駆けて訪れる「走り」ですね。

春夏秋冬、四季の変化がはっきりしている日本では、季節によって手に入る食材が大きく変わります。かつての人々は、折々の食べ物を神様にお供えし、そのお下がりを味わうことをとても楽しみにしていました。新しいものには穢れがなく、精力と生命力がたっぷりと詰まっていると考えられていたからです。たとえば、その年にはじめて摘まれた茶葉である「新茶」は長寿の縁起物とされ、自分たちで飲んで延命を願うだけでなく、年長者への贈り

>「旬」「走り」
食材の収穫期は「走り」「旬」「名残り」の3つにわけられる。

>折々の食べ物
新米を捧げる「新嘗祭（にいなめさい）」が勤労感謝の日のルーツになっている（P153）。

物としても愛されてきました。

初物には、その折その折に必要な食材の力が備わっています。春の山菜や若菜の苦味には、長い冬を耐えた私たちの心身を覚醒させる働きがあります。暑い夏に収穫される水分の多い野菜や果物は喉を潤し、体の熱を下げてくれます。夏バテを引きずる体に活を入れ、食欲を呼び覚ましてくれるのは秋の香り高いキノコや木の実。冷え込む冬には体を温める根菜が力を貸してくれます。栄養面から考えても、初物をはじめとする旬の食材を積極的に食べることは、理にかなっているのです。

食材の時期を知ることは、食育にもつながります。食で季節を味わう豊かさを楽しみながら食事をいただくようにしてみましょう。

∨食育
「食」に関する知識と「食」を選択する力を習得し、健全な食生活を実践することができる人間を育てる総合的な教育。

お清めは最高のセルフコントロール術

お清めは先人の生きる知恵の結晶

人生儀礼やお祭りを大切にしてきた日本人の世界観をあらわす言葉に「ハレとケ」があります。ハレ（晴れ）は、お祭りや年中行事などの「非日常」を意味する言葉。「晴れ着」や「晴れ舞台」、「晴れ姿」などの語源にもなっています。

一方、ケ（褻）は「日常」の時間。寝て、起きて、食事をして、また眠る、普段の生活そのものです。そしてケを送る気力や活力が枯れてしまうことを「気枯《けが》れ」といい、これが「ケガレ＝穢れ」につながるとする説もあります。気が枯れてしまうと、毎日がうまくまわっていきません。心身に疲労が溜まり、気持ちも落ち込みがちになります。

そのため日常の「気」が枯れないよう、日本人は清く正しい生活習慣を大切にして生きてきました。朝、目覚めたら顔を洗い、口をすすぎ、身支度を整える。「今日もお守りください」と神棚に手を合わせ、季節の食材でできた食事を「いただきます」と無駄なく食べ、「ごちそうさま」と感謝する。仕事にいそしみ、我が家に戻って入浴し身を清める。そして「本日もありがとうございました」と神様に感謝を捧げ、夕飯をいただき、眠りにつく。なにげない生活習慣のひとつひとつに、穢れを招かないようにする清めの力が働いているのです。

さらに、事あるごとに火や水、塩などのもつ聖なる力を用いて、さまざまなお清めも行ってきました。「なんだか気分が落ち込んでいるな」「ちょっとモヤモヤするから気持ちを切り替えたいな」など、ささやかな気分転換といったところでしょうか。深刻な事態になる前に災厄の芽を摘んでおくという意味では、最高のセルフコントロール術といえるでしょう。

次ページからは、先人の生きる知恵の結晶でもある手軽なお清めの方法を紹介します。

穢れも厄もストレスも火で焼き尽くす

【火の力】を用いるお清め

切り火

穢れや邪気を焼き尽くしてくれる火（火の粉）を体の近くで散らし、１日の無事を祈ります。奥様が旦那様の肩口で火打ち石をカンカンッと鳴らす時代劇のシーン、といえばイメージが湧くでしょうか。火打ち石に火打ち金《がね》を打ちつけてできた火花が「切り火」です。切り火でのお清めは、清めたい場所や人の右肩あたりで２、３回切り掛けるのが作法とされています。

お焚き上げ

時代劇
切り火によって邪を祓う風習は、江戸時代に入ってから誕生したといわれている。

火打ち金
「火打ち鎌」とも呼ばれる。

紙でできている手紙や写真などは燃やし、灰にして土に還すという方法もあります。ただし少量ずつ行い、炎が大きくならないよう充分に注意してください。煙や臭いが近所迷惑となる可能性もありますから、焚《た》き火ができる川原などで燃やすのもひとつの手です。

お香・アロマキャンドル

お香には魔を除け、その場を浄化する働きがあるそうです。よい香りは心身をリラックスさせてくれますから、ご自分の好きなお香で気分転換してみてはいかがでしょうか。ろうそくの炎を見つめると心が落ち着くことが明らかにされているため、アロマキャンドルも効果充分です。

サラサラと清らかにすべてを水に流す

【水の力】を用いるお清め

手や口をすすぐ

罪穢れを流し去ってくれる水は、お清めの心強い味方です。帰宅時はもちろん、心が弱っていると感じたときにはすぐに手を洗いましょう。気持ちを落ち着けながら、ゆっくりと丁寧に。指先や爪の間にも注意を払い、手全体の汚れと穢れを清めます。汚い言葉や悪い言葉を吐いてしまったときには、口もすすぎましょう。

打ち水

玄関先や門口を掃除したら、水をまく「打ち水」を行いましょう。水の力が場を清め、邪悪なものの侵入を防いでくれます。さらにチリやホコリを落ち着かせてくれるため、玄関内に汚れが溜まりづらくなります。夏場には涼気を感じる生活の知恵としても効果的です。

来客の際には、打ち水が「おもてなしの準備が整っていますよ」というサインにも。円滑な人間関係を運んできてくれるよう願いを込めて水をまきましょう。

打ち水
その起源には諸説あるが、一般化したのは江戸時代からといわれている。

来客
茶道では来客の30分ほど前に打ち水をする作法がある。

水拭き

ここぞ、というときには普段の掃除に拭き掃除をプラス。床全体の汚れが清められ、室内の空気がガラッと変わります。雑巾はしっかりと絞り、拭き残しがないよう、小さな「コ」の字を描くように拭いていきます。

憂鬱やイライラを風の力で吹き飛ばす

【風の力】を用いるお清め

風鈴

風鈴のルーツは、寺院のお堂や塔の軒下に吊るされる鐘形《しょうけい》の鈴、風鐸《ふうたく》だといわれています。風鐸は魔を祓う聖なる道具で、風の力によって鳴り響く鈴の音が届く範囲は清浄であるとされました。やがて平安貴族が我が家の災厄を祓うために吊るすようになり、時代が下るとともに現在の風鈴の形になっていったと考えられています。

鈴のもつ神様を呼び覚ます力と邪気を祓う力は、神社や神事にはかかせないものです。いつしか風鐸から風「鈴」へと名前が変化したのは、鈴が備え

＞**鐘形**
釣鐘（つりがね）に似た形。

＞**現在の風鈴**
ガラス製の風鈴は江戸時代に登場したが、非常に高価なものだった。ガラス製の風鈴が庶民の手にも入るようになったのは明治時代。

る霊力を頼みとした結果なのかもしれません。

うだるような夏の暑さによる倦怠感やイライラも、風鈴の音を聞くだけですっと引いていくものです。風の力と鈴の力の合わせ技によるお清めといえるでしょう。

うちわ

今はもっぱら風を起こすためにあおぐものですが、かつては顔を隠すためにかざしたり、災厄を遠ざける願いを込めて払ったりもするものでした。邪気を祓う縁起物として、お祭りなどでうちわを授与する神社は今も多くあります。風鈴と合わせ、夏のイライラや憂鬱を吹き飛ばす清めの道具として活用したいものです。

粗塩の浄化力はひとつまみでもパワー絶大

【塩の力】を用いるお清め

塩湯

伊邪那岐命が禊を行ったのは、海へと注ぎ込む河口付近だったともいわれています。そのため海水、さらに海の塩には、穢れを祓う力があると考えられてきました。神社のお祓いでは「塩湯《えんとう》」と呼ぶ塩水を用いることもあります。お清めには精製塩ではなく海水からつくられた粗塩を用意しましょう。

普段のお風呂に大さじ1杯ほどの粗塩を入れれば、浄化力の高い塩湯《しおゆ》のできあがりです。いつも以上にゆったりと浸かり、心身の垢を落とします。罪穢れの溶け込んだお湯は洗濯などに二次利用せず、すぐに流し、浴槽内もシャ

> 塩湯
堅塩（かたしお）と呼ばれる粗塩を湯で溶かしたもので、榊（さかき）の小枝の葉先を浸し、左・右・左の順で振り注ぐ。

> すぐに流す
循環式浴槽の追い焚き機能も切って入浴した方が良い。

ワーでざっとすすぎ清めてください。

ふりかける

通夜や葬儀に参列した際にいただく「清めの塩」は死の穢れを祓うものですが、日常でも体にふりかけることによって邪気祓いができます。玄関に用意しておき、家に入る前にひとつまみほど軽くふりかけるといいでしょう。

物の処分

旅先のお土産や思い出の品など、ポイッと捨てるには気がひけると感じたら、感謝の念とともにひとつまみの粗塩をふりかけて処分します。

神様の好きな瑞々《みずみず》しい緑で我が家を清浄に

【緑の力】を用いるお清め

榊

冬でも瑞々しい緑を保ちつづける常緑樹は、永遠や常若《とこわか》の象徴として古くから愛されてきました。永久不変の岩である「常磐《ときわ》」を頭につけ、「常磐木《ときわぎ》」とも呼びます。常に瑞々しい常緑樹は、神様も大好き。神様が宿るご神木に榊《さかき》や杉、松などが多いのもそのためなのです。

なかでも「木」と「神」という文字を組み合わせた榊はとくに神聖で、神事にはかかせません。その語源には、結界を意味する「境の木」や繁栄を意味する「栄えの木」が考えられています。

＞常若
いつまでも姿を変えず瑞々しいこと（P31）。

＞神事
お祓いに用いられるほか、昇殿参拝では参拝者が榊に紙垂（しで）や木綿（ゆう）をつけた玉串（たまぐし）を捧げる。

神棚にも榊の枝をしつらえますが、お部屋のインテリアとしてももちろん問題ありません。窓際など明るく清浄な場所に飾ってください。神様は立った木の先端に宿るため、枝先が上を向くようにします。

グリーンカーテン

ゴーヤやアサガオなどのツル性の植物を、窓の外や壁面に張ったネットなどに這わせるグリーンカーテン。夏場の省エネ対策として定番になりつつありますが、我が家のお清め法としてもしっかり役立ちます。自然の力は神様の力そのものですから、瑞々しい緑が家を守り、邪気をはねかえすと考えられるのです。花や実、種といった神様の恵みは観賞したり、食べたり、翌年にまた、まいたりすることでいただきましょう。夏も終わりに近づき、葉色が変色しだしたら早めに処分します。

∨神棚
神棚のしつらえ（P112〜）。

美しい言葉は心を清め良縁をつないでくれる

【言葉の力】を用いるお清め

略祓詞「祓え給え、清め給え」

罪穢れを祓い、清めることを神様にお願いするために唱える祝詞のなかでも略祓詞は短く、覚えるのも簡単です。落ち込んだ気分を変えたい、ネガティブな感情を消したいときに、唱えてみましょう。回数に決まりはありません。

また、ほかのお清め法を実践しながら唱えるのも効果があります。

ありがとう

「ありがとう」の語源は「有《あ》り難《がた》し」。有ることが滅多にない、有ることが珍しくて貴重だ、といった意味です。中世になると、得難い神仏のご加護を自分は受けているという気持ちから、次第に感謝の言葉として使われるようになったと考えられています。

自分の近くにいる人の優しさやいたわりは、ときに「当たり前」と思ってしまいがちです。しかしそれは奢りでしかなく、せっかく結ばれたご縁や絆を弱めてしまいます。自分にもたらされた真心は得難いもの、その感謝と実感を込めた「ありがとう」の言葉を大切にしてください。

おかげさま

古来、日本人は神仏やご先祖様など、自分を見守ってくれる存在の力を「お陰」と呼んでいました。そしてこの言葉から生まれた美しい日本語が「おかげさま」です。

なにごとも自分ひとりの手柄ではなく、周りの人々の支え、神様のお力があってこそ。ひいては、自分の命は与えられ、生かされているもの、という先人の謙虚な人生観とともに、「おかげさま」の言葉を受け継いでいきましょう。

∨美しい日本語
神道に魅力を感じていたジョン・レノンは「おかげさま」の言葉が「世界のなかでもっとも美しい」と褒め称えたという。

コラム……3

我が家を清める縁起物

昔から私たち日本人は、八百万の神様を敬い大切にお祀りしながら、神々の加護によって豊作や大漁、健康などの幸いがもたらされるよう願ってきました。

願いを重ねるなかで、人々は目に見えない神様の力を感じるための拠りどころがほしいと考えるようになります。そうして生まれたのが、お守りであり、置き物であり、さまざまな縁起物です。縁起物は日本人の祈りと願いを具現化したもの、といっていいでしょう。

現在、日本には多種多様な縁起物が存在しています。縁起物を集めるのが大好き、という方も増えているようです。郷土色と個性豊かな縁起物は見ているだけでも運が開けてくるようで、たくさん集めたくなる気持ちもわかります。もちろん、縁起物同士が仲違いをするなんてことはありませんのでご安心を。ここでは、さまざまな縁起物のなかでも、「清める」「祓う」ことを得意とするものを紹介します。

◆破魔矢《はまや》

お正月にのみ各地の神社で授与される魔除けの縁起物です。男の子がはじめて迎えるお正月に、「破魔弓《はまゆみ》」と呼ばれる飾り弓と矢を贈った江戸時代から明治時代にかけての風習が起源だといわれています。今は矢が主役となっており、その年の干支が描かれた絵馬が添えられている場合もあります。

◆土鈴《どれい》

ご祭神、もしくはご祭神との関わりの深い動植物などをモチーフとした素焼きの土鈴を授与品とする神社は多くあります。素朴な風合いとかわいらしい音色で邪気を祓います。

◆シーサー

「獅子」に由来する名をもつ、いわずと知れた沖縄地方の守り神。1頭、もしくは阿像《あぞう》と吽像《うんぞう》の2頭を門柱や玄関に置き、災厄を遠ざけます。

◆疱瘡《ほうそう》除けの郷土玩具

明治時代以前、「疱瘡」すなわち天然痘は多くの死者を出す、恐ろしい疫病でした。そして、疱瘡を流行させるとされたのが疱瘡神です。魔を祓う赤は、疱瘡神をも祓うと考えられました。福島県の「赤べこ」や埼玉県の「鴻巣《こうのす》の練り物人形」、滋賀県の「猩猩《しょうじょう》」など鮮やかな赤色をまとった縁起物が数多く誕生し、病を祓う縁起物として今も愛されています。

4章

神様と我が家のご縁を結ぶ

長く伝えられてきたお参りやお祀りのしきたりを知ることは、長く育まれてきた和の心を知ること。

そして、正しい作法と清らかな和の心こそが神様とのご縁を深めます。

【神社参拝のしきたり】

神社参拝のドレスコードで運気アップ!?

ラフすぎるファッションと迷惑行為はＮＧ

神社にはじつにさまざまな方がいらっしゃいます。就職や受験、縁結びなど、特定のお願いを神様に伝えに来られる方もいれば、日々の感謝を捧げるために参拝される方もいます。散歩や旅行の途中でふらりと立ち寄られる方もいらっしゃるでしょう。神社はいつでも、誰にでも開かれている場所です。あまりかしこまらず、気軽にお参りしてください。

とはいえ、やはり神社は神様がいらっしゃる神聖な場所です。清潔感のある服装を心がけ、肌の露出は控えめに。できればサングラスは外し、帽子も脱いで参拝した方がいいでしょう。

初宮詣《はつみやもうで》や七五三、厄払いなどで昇殿参拝をされる場合は、もう少し配慮が

必要です。昇殿参拝は神社の社殿内で行います。いわば、神様のお住まいにお邪魔するのです。日頃からお世話になっている目上の方のお宅にご挨拶に伺う際、ラフな服装は失礼にあたりますよね。昇殿参拝も同様で、男性はスーツもしくはジャケットにネクタイを着用し、女性もやはりスーツ、もしくは袖のある華美すぎないワンピースが望ましいといえます。なかには明確なドレスコードを設けている神社もありますから、心配な場合は事前に問い合わせをしてください。

神社はあくまでも、神様と対面するための聖域です。叫んだり、騒いだり、ほかの方に迷惑となる行為は慎みましょう。写真撮影が主目的となっている参拝は、本末転倒そのものです。カメラや携帯電話のレンズ越しではなく、ご自分の目と心によって神様と向き合っていただければと思います。

＞社殿内　多くの昇殿参拝は、神様が鎮座する本殿に連なる拝殿で行う。神楽殿で行う神社もある。

＞写真撮影　参拝した神社の掲げるルールに従うのが基本。多くの神社ではご神体、本殿、拝殿内部は撮影できない。

【神社参拝のしきたり】

手水で罪穢れを祓い清める

鳥居をくぐる前の一礼と手水を忘れずに

神社の地図記号にもなっている鳥居は、「ここからは神聖な場所である」ということを示す門であり、俗界と神域とを隔てる結界でもあります。語源には、「通り入る」が転じたものとする説や、神様のお使いである鳥の止まり木であるとする説などいくつかあるものの、定かではありません。境内にいくつか鳥居が設けられている場合は、もっとも大きい鳥居が神域全体の入口にあり、「一の鳥居」と呼ばれます。そして、神様のいらっしゃる本殿に近づくにつれ、二の鳥居、三の鳥居と数字が増えていきます。

鳥居の前では一旦立ち止まり、軽く一礼をしてくぐりましょう。いくつか鳥居がある場合も、それぞれで頭を垂れるようにします。とくに一の鳥居の

∨門
実際に楼門（ろうもん）が設けられている神社もある。

∨本殿
本殿がない神社もある。山や滝、岩など自然物をご神体とする神社に多い。

∨一礼
一揖（いちゆう）とも。体を会釈程度に傾ける。

∨参拝後
参拝後は鳥居をくぐってから本殿方向に一礼する。

前では、髪や衣服、そして心を整えます。神様のお住まいにお邪魔するわけですから、参拝前には「失礼いたします」、参拝後には「ありがとうございました」という、謙虚な心もちを大切にしたいものです。

　鳥居から拝殿や本殿へとつづく参道の中央は、「正中《せいちゅう》」と呼ばれる神様の通り道であるため、ここを避けて歩くのが望ましいとされています。

　参道を進んでいくと、やがて「手水舎《てみずや》」と呼ばれる水盤があらわれます。伊邪那岐命《いざなきのみこと》が行った禊《みそぎ》を簡略化した手水は、参拝前に絶対におろそかにできません。手と口をすすぐことで日常の罪穢《つみけが》れを祓《はら》い清め、神前に出るのにふさわしい身となります。一般的な手水の作法は以下の通りです。

①手水舎前で軽く一礼。右手で柄杓《ひしゃく》を持ち、水を汲んで左手にかけ、清める。
②柄杓を左手に持ち替え、右手を清める。
③再び柄杓を右手に持ち替え、左手に水を受ける。その水で口をすすぐ（水は飲み込まない）。
④もう1度左手を清める。
⑤柄杓を垂直に立てて水で柄を清め、柄杓を伏せて戻す。その後、ハンカチやタオルで濡れた手や口を拭き清める。

一般的な手水の作法

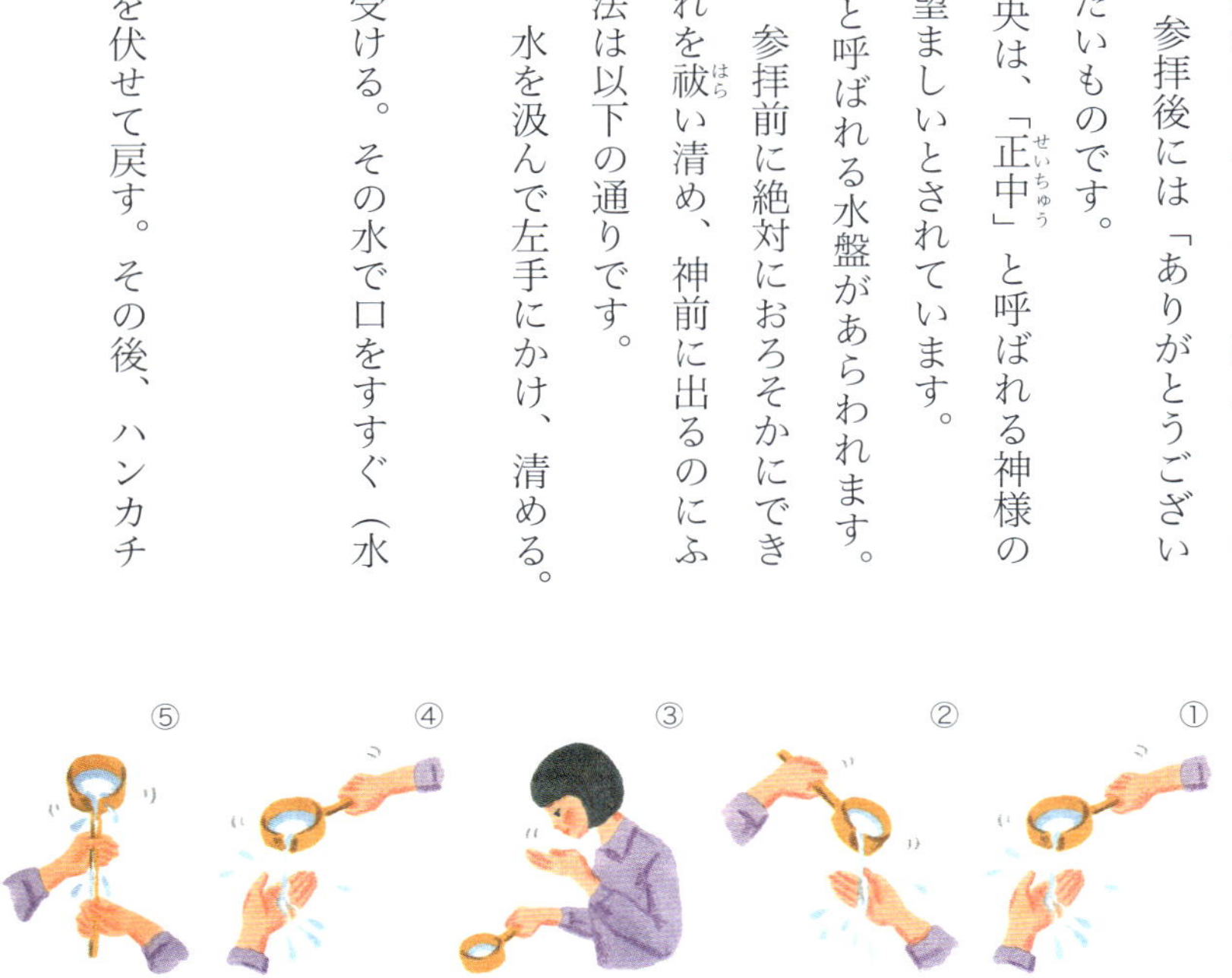

【神社参拝のしきたり】

清めの玉砂利や鈴をしっかり活用

賽銭は金額よりも真心を大切に

手水を終えたら参道をさらに進んで行きましょう。参道に玉砂利《たまじゃり》が敷かれている神社も多くあります。玉砂利の「玉」は魂の「タマ」に通じる、「立派な」や「美しい」を意味する言葉です。「砂利」は細かい石をあらわす「さざれ」がなまったものといわれています。美しく細かい石を敷き詰めることで、境内の清浄さを保っているのですね。また、玉砂利を踏みしめる音にも魔を祓い、その場を清める効果があります。

境内でもっとも目につきやすい大きな社殿が拝殿です。本殿にいらっしゃる神様を礼拝するための建物で、厄払いや七五三などの昇殿参拝もこちらで行います。拝殿前まで進んだら、いよいよ神様へのご挨拶です。拝殿前では中央に立ってかまいません。

拝殿前には賽銭箱《さいせんばこ》が置かれています。賽銭はもともと、神前にまく「散米《さんまい》」や洗った米を紙に包んで供える「おひねり」がルーツ。それが貨幣経済の浸透につれお金（銭）に変わり、神様へのお礼を意味する「賽」の字がつけられるようになったと考えられています。金額の多少を気にされる方もいらっしゃいますが、真心が込められているかどうかの方が大切です。

賽銭箱の上方に大きな鈴が吊られている場合は、こちらを鳴らすことも忘れずに。神霊を呼び招く聖なる道具として使われてきた歴史をもつ鈴は、その美しい音で邪気を祓い、鳴らした方の心身を清めます。一説には、鈴を鳴らすことが「これからご挨拶をさせていただきます」という合図になるとも。姿勢を正し、心を整えて鳴らしましょう。

∨鈴
拝殿前の鈴は「御鈴（みすず）」とも呼ばれる。御鈴から垂れた紐は「鈴緒（すずお）」。鈴は神様へ奉納する巫女舞（みこまい）にもかかせない。

【神社参拝のしきたり】

心を整えたら二拝二拍手一拝

神職の礼法に準じた神様への作法

賽銭を入れ、備えられている場合は鈴を鳴らしたら、いよいよ参拝。心身ともにもっとも神様に近づく瞬間です。

多くの神社で用いられる基本作法である「二拝《にはい》二拍手《にはくしゅ》一拝《いっぱい》」は以下の通りです。

①直立の姿勢から背を平らにして90度に腰を折り、お辞儀をする。背を平らにしたまま上半身を起こし、同じように90度のお辞儀をもう1度行う。

②静かに両掌を胸の前で立てて合わせ、右掌をわずかに下方向に引く。両腕を両肩の位置まで開き、「パン」と音が鳴るように2度手を打つ。

③両腕を下ろし、最初と同じように90度のお辞儀を行う。

＞二拝二拍手一拝
「二礼二拍手一礼」とも。拍手は「柏手（かしわで）」ともいう。

①二拝

②二拍手

③一拝

より丁寧な気持ちをあらわすには二拝二拍手一拝の前後に会釈を行います。

二拝二拍手一拝は、神職の礼法に則ったもので、明治時代から参拝作法として広まりました。神社によっては、古《いにしえ》からの作法を受け継いでいるところもあります。違う作法が示されている場合は、そちらに従いましょう。

「祓《はら》え給《たま》え、清《きよ》め給《たま》え、守《まも》り給《たま》え、幸《さきわ》え給《たま》え」という唱え言葉を掲げている神社もあります。「お祓いください、お清めください、神様のお力によりお守りください、幸せにしてください」という意味で、絶対に唱えるべきものではありません。もちろん、心のうちで唱えてさらなる神様の加護を願うのもいいでしょう。そもそも祈りの形は人それぞれで、絶対や正解はないのです。ただ、ほかの方が不快に思ったり、迷惑に感じたりするような行為は神様も望まれていないということだけは忘れずにいてください。

∨古からの作法
出雲大社や宇佐八幡宮では「二拝四拍手一拝」となる。

∨唱え言葉
この唱え言葉は「略拝詞（りゃくはいし）」と呼ぶ。

【神社参拝のしきたり】

神様を我が家へお連れする神札《おふだ》とお守り

神札やお守りの新調目安は1年間

神様のありがたい力を我が家にお迎えできる授与品は、さまざまあります。そのなかでも代表的なものが神札とお守りです。

神札は神様の名前や神威をあらわすシンボル、神社名などが記されたお札で、みなさんにお渡しする前に神職によって祈祷があげられています。いわば神様のご分霊で、各家庭では神様そのものとしてお祀《まつ》りします。

お守りは神札を小型化し、身につけて持ち歩けるようにしたものです。平安時代、お寺や神社から授かった護符を首からかけるようにした「懸守《かけまもり》」がルーツ。現在、一般的には錦でつくられた袋に、木片や書付《かきつけ》が入れられています。神札同様、神職による祈祷を経て神様の力を宿していますから、開け

∨お祀り
神棚にお祀りする場合は、P110〜を参考に。

たり、覗いたりしないようにしましょう。

お守りは学業成就や商売繁盛など、個人的なお願いごとに応じたものを各地の神社が頒布《はんぷ》しているため、たくさん持っていると神様同士がケンカするのではないか、と心配される方もいらっしゃいます。しかし、八百万《やおよろず》の神様はとてもおおらか。神様同士も助け合っているのですから、まったく問題ありません。

神札もお守りも、新調の目安は1年間です。1年間お世話になった神札やお守りは年末に神社に納め、新しいものを頂戴します。旅先で立ち寄った神社のお守りなど、新調するのが難しい場合はそのまま大切にしていただいてかまいませんが、存在そのものを忘れてしまい、粗末に扱うことだけは避けてください。

また、神札やお守りをはじめとする授与品は、参拝を済ませてから授かるのが正しい作法です。誰かのお宅にお邪魔する際もチャイムを押し、来訪の旨を告げる挨拶を交わしますよね。神社も神様のお住まいなのですから、感謝と祈りを捧げる参拝を最優先してください。神社に詣でた証であるご朱印についても同様です。

>たくさん
神札やお守りは「1体(たい)、2体」と数える。

>旅先の神社
気になる場合は問い合わせを。助言をいただける。

>ご朱印
神社名や日付などが添えられた印判。神社を参拝した証としていただく。

【神社参拝のしきたり】

身内に不幸があったら神社には行けない？

故人の弔いに専念する50日間は神社参拝を慎む

神様と神社が嫌う罪穢れのなかには、死の穢れも含まれています。かつては、家族や近親者に死者が出た場合、神社への参拝を1年間は慎むべきとされていました。

故人の霊を慰め、お祀りに専念することを「忌《き》」、忌の最中にいることを「忌中《きちゅう》」、忌中が終わることを「忌明《きあ》け」といいます。現在、地域によっても差がありますが、生活をともにする家族が亡くなった場合、忌中は50日間、つまり神社への参拝も50日間は慎むのが一般的です。

どうして50日なのか、それには神道式で行う葬儀「神葬祭《しんそうさい》」が関係しています。神葬祭では、故人が亡くなってから49日間のうちに、御魂《みたま》を慰め、弔う儀式をいくつか行います。そして50日目の「五十日祭」を境に、御魂を家の守り神としてお祀りするようになるのです。そのため五十日祭は、忌中と忌明けの節目にあたると考えられています。

やむをえず忌明け前に神社に詣でる必要がある場合は、事前に神社に伝え、お祓いを受けます。忌中に年末年始を迎える場合は、初詣は遠慮しましょう。忌明けを待ってから参拝し、新しい神札やお守りもこのときにいただくようにしてください。

忌中は故人を偲ぶ大切な期間です。神様はすべてお見通しですから、新年のご挨拶が遅くなってもきちんと待っていてくださいますよ。

【神棚のしきたり】

神棚は我が家の小さな神社

箪笥《たんす》や壁に神札だけでもOK

神様とともに、清々しい毎日を過ごしたい。そう強く願うのでしたら、神社で授かる神札を自宅にお祀りしましょう。我が家に小さな神社をつくり、日々を神様に見守っていただくのです。

神札を祀る神棚の起源は、伊勢神宮の神札である「神宮大麻《じんぐうたいま》」を清浄な棚にお祀りしたことにあるといわれています。江戸時代頃には全国的に広まりましたが、今では神棚のある家庭がずいぶんと減ってしまいました。

神棚をしつらえ、我が家に神様をお迎えする、となると身構えてしまう方が多いようです。日々のお参りやお供えを考えるとためらいが生まれるのでしょう。しかし、神様に失礼な振る舞いをしてはいけない、不作法なことはできないという畏れと敬意は、清らかな暮らしそのものにつながっています。神様をお招きした我が家を汚れたままにはしておけない、という気持ちが働き、常にキレイにしておくよう心がけるからです。

また、神棚に手を合わせ、感謝を捧げる親の姿は、子供が神様を身近に感じる絶好の契機となります。「悪いことをしたらバチが当たるよ」「神様が見ているから正しい行いをするんだよ」という日本人ならでは情操教育は、未来につなげていきたい文化遺産です。

神棚が難しい場合は、神札だけをお祀りしましょう。箪笥の上、壁、棚の上。大人の目線よりも高い清浄な場所にお祀りすれば、形にこだわる必要はありません。本当に重んじるべきは神様を敬い、大切に思う真心です。

【神棚のしきたり】

神棚に宿る3柱の神様とは？

伊勢神宮、氏神神社、崇敬《すうけい》神社の神札が基本

神札を我が家にお祀りするにあたり、いくつかの決まりごとがあります。まず、伝統的に神棚には3体の神札をお納めします。

1体目は伊勢神宮の神札である「神宮大麻」です。伊勢神宮に鎮座する天《あま》照《てらす》大御神《おおみかみ》は、太陽の神様であり、日本の最高神。各地域を守護するのが氏《うじ》神《がみ》様ですから、伊勢神宮は日本全体を守護する総氏神様になるのです。「天《てん》照皇大神宮《しょうこうたいじんぐう》」と記された神宮大麻を祀り、我が家を見守っていただきます。ちなみに神宮大麻の名称は、お祓いの道具である「大麻《おおぬさ》」に由来しています。神宮大麻は全国の神社で頒布されているため、氏神神社に詣でた際にいただきましょう。

∨**天照皇大神宮**
天照大御神が鎮まる伊勢神宮内宮(ないくう)の別称。

∨**大麻**
神職がお祓いに用いる祭具（P17）。

2体目は、我が家が建っている地域を守る氏神神社の神札です。ご自分の氏神様がわからない場合は、近くの神社に出向き聞いてみましょう。自宅周辺の土地を歩き、神社を探し、訪ねるという尽力で、氏神様とのご縁がより強く結ばれるように思います。

最後に3体目は、個人的に信仰している崇敬神社の神札になります。結婚式を挙げたり、境内の雰囲気が好きだったり、勤務先の氏神神社であったりと、崇敬する理由は人それぞれ。崇敬神社の神札を複数体祀られている方もいます。神社の参拝作法に正解や絶対がないように、神札の祀り方にも絶対はありません。

ただ、1年間で新調するという基本的なしきたりを考えると、毎年訪れるのが難しい神社の神札をお祀りするのは遠慮したほうがいいかもしれません。

> 新調する
大掃除のあとにそれまでの神札を神社に納め、授与された新しい神札をお祀りして新年を迎えるのが古くからのしきたり。

【神棚のしきたり】

神札だけをお祀りするなら？

スタイルは自由、あとは真心と清浄な場所だけ

神札を揃え、さぁお祀りしようと考えたとき、伝統的な宮形《みやがた》の神棚を思い浮かべられる方は多いことでしょう。扉がひとつの一社造《いっしゃづくり》や、3つの三社《さんしゃ》造《づくり》が主流で、なかには檜《ひのき》材を用いた高価なものや、檜皮《ひわだ》や茅《かや》で屋根を葺《ふ》いた凝ったものもあります。

しかし最近では住宅様式やインテリアの西洋化にともなって、シンプルな神棚が欲しいという方が増えてきました。賃貸住宅に住まわれている方は、神棚を新たにしつらえにくいという問題もあります。

繰り返しになりますが、神札を祀るうえで大切なのは神様を思う真心です。神棚にこだわる必要はありません。神様とともに暮らすはじめの一歩として、

∨宮形
神社の社殿（お宮）を模した、神札を納める入れ物。

∨シンプルな神棚
宮形よりも手軽な祀り方としては、神札立てもある。

神札だけを祀ってもいいのです。

まずは家のなかでも明るく、清浄な場所を選びましょう。家の中心であり、家族全員が集まるリビングがオススメです。次に気にすべきは方角で、南向き、もしくは東向きに神札をお祀りします。東は太陽が昇り、南は日光がもっとも当たるため、古くから神様をお祀りするうえで重要な方角とされてきました。

また、神様を見下ろすことのないよう、家族でもっとも背の高い方の目線よりも上にお祀りします。さらに襖やドアなど、人の出入りの多い場所の近くは避けた方がいいでしょう。

以上を考慮し場所を決めたら、新しい雑巾で拭き清めます。次に半紙や白い布を敷き、神札をお祀りしましょう。壁にお祀りする場合は、ピンや画鋲などで神札に穴を開けないよう工夫してください。

神札を並べる順序は宮形の神棚にならいます。横並びにするならば、中央は神宮大麻、向って右に氏神神社、向かって左が崇敬神社です。重ねるならば手前が神宮大麻、その後ろが氏神神社、さらにその後ろが崇敬神社となります。

【神棚のしきたり】

神様の「お下がり」でパワーアップ

週1回、塩と水だけでもOK

神様に捧げる食事は「神饌《しんせん》」といいます。神田明神をはじめ、神職の常駐する神社では毎日神饌をお供えし、神様に召し上がっていただくのも重要な神事です。「お下がり」と呼ばれる神様が召し上がったあとの神饌は、神職や氏子でありがたく頂戴します。神様の力が宿った食事をいただくことでよりご縁が強くなるよう願うとともに、聖なる神力を授かるのです。

我が家の神棚にも、ぜひ神饌をお供えしましょう。米（ご飯）・塩・水を基本の3品とし、お正月や家族にとってここぞという日には、日本酒もお供えします。とはいえ、あまりに品数や頻度が多いと疲れてしまいますよね。毎月1日と15日、あるいは毎週日曜日、などルールを決め、塩と水だけでも

>神職の常駐
日本の神社8万社のうち、神職の常駐する神社は1万社程度といわれている。

お供えするようにしてみてはいかがでしょうか。お供えしたままにはせず、当日のうちに調理に用いてお下がりをいただくことも忘れずに。また、野菜や果物など四季の初物、行事食やお土産のお菓子なども神棚に捧げ、折に触れてはお下がりを家族で頂戴するようにしたいものです。

神饌ではありませんが、できれば瑞々《みずみず》しい榊《さかき》の枝も飾るようにします。「木」と「神」という文字を組み合わせた榊は、古くから神様の宿り木として神聖視されてきました。また、「境の木」という意味ももち、聖域と俗界とを隔てる結界ともなります。榊は生花店で販売されていますが、手に入れるのが難しい地域では、杉や樅《もみ》などの常緑樹を用いてもいいでしょう。

∨基本の3品
神前に向かって左から水、米（ご飯）、塩の順に並べるのがならわし。日本酒を加える場合は、水と米の間に配置する。

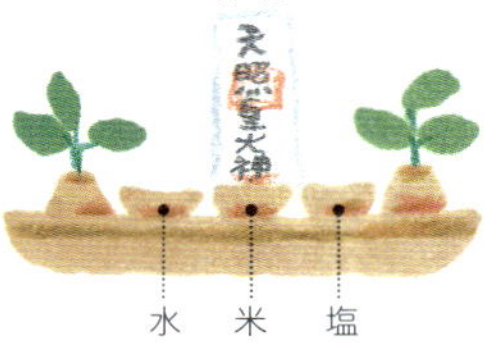

∨初物
初物は生気がみなぎっており、寿命を延ばす縁起物であると考えられてきた（P78〜）。

【神棚のしきたり】

1日のはじまりは神様へのご挨拶から

朝、身だしなみと心を整えてから

神棚（神札）は、我が家のなかの小さな神社です。神社への参拝同様、心身を清めてからお参りするようにします。

まずは朝、手や顔を洗い、口をすすぎ、身だしなみと心を整えましょう。さらに略祓詞《りゃくはらえことば》と呼ばれる祝詞《のりと》をあげて、心身を清めます。略祓詞は「祓《はら》え給《たま》え、清《きよ》め給《たま》え」のふた言ですから、事あるごとに唱えるのもいいかもしれません。参拝は原則、二拝二拍手一拝です。家族の無事を感謝するとともに、その日の安穏を願います。より丁寧にお参りしたい方には、神棚拝詞《かみだなはいし》があります。この場合は二拝したのち神棚拝詞を唱え、二拝二拍手一拝とつづけます。お正月をはじめ、季節の節目となる特別な日に唱えてもいいでしょう。

∨略祓詞
神饌がある場合は、略祓詞を唱える前にお供えする。

∨二拝二拍手一拝
氏神神社に独自の作法がある場合は、そちらに従う。

神棚拝詞

此《これ》の神床《かむどこ》に坐《ま》す　掛《か》けまくも畏《かしこ》き　天照大御神《あまてらすおおみかみ》
産土大神等《うぶすなのおおかみたち》の大前《おおまえ》を拝《おろが》み奉《まつ》りて　恐《かしこ》み恐《かしこ》みも白《もう》さく
大神等《おおかみたち》の広《ひろ》き厚《あつ》き御恵《みめぐみ》を辱《かたじけな》み奉《まつ》り
高《たか》き尊《とうと》き神教《みおしえ》のまにまに　直《なお》き正《ただ》しき真心《まごころ》もちて
誠《まこと》の道《みち》に違《たが》うことなく　負《お》い持《も》つ業《わざ》に励《はげ》ましめ給《たま》ひ
家門高《いえかどたか》く　身健《みすこやか》に　世《よ》のため人《ひと》のために盡《つく》さしめ給《たま》えと
恐《かしこ》み恐《かしこ》みも白《もう》す

訳

この神棚にいらっしゃいます　あまりにも畏れ多い　天照大御神や
産土大神をはじめとする神々を拝みまして　恐れ多くも慎み申し上げます
神々の広く厚い恵みをありがたく思い
尊い教えに従って　まっすぐで正しい真心をもち
誠の道から外れることなく　自分自身の務めに励み
家が栄え　健康で　世のため人のために尽くしていくことができるよう
恐れ多くも慎み申し上げます

【神棚のしきたり】

身内に不幸があったときの神棚は？

忌中は神棚に半紙で覆いを

生活をともにする家族や遠方に住む親戚が亡くなった場合、まずは神棚（神札）にその旨を奉告します。そのうえで神棚（神札）の前面に白い半紙を貼り、神社参拝と同じように神棚参拝も慎みます。家庭での神祀りを一時的に止め、故人を弔うことに専念するのです。

葬儀の多くは仏式で営まれていますから、火葬後にお骨が自宅へと戻り、納骨まで家族とともに過ごす場合もあるでしょう。故人を偲ぶ気持ちも大切ですが、やはり神様にとって死は穢れ。お骨は神棚（神札）のある部屋とは別の場所に納めるようにします。

忌明けを迎えたら、神棚（神札）の前面に貼っていた半紙をはがし、神祀

▼奉告
「帰幽奉告（きゆうほうこく）」とも。

りを再開します。こちらの忌明けも50日が目安とされています。とはいえ、この日数は絶対ではありません。気持ちの整理がつかず、51日目から神棚に向かうのが難しい方もいらっしゃるでしょう。

哀しみの気持ち、沈んだ気持ちは「気」が「枯れ」ている状態で、穢れ（気枯れ）につながるという考え方もあります。故人の死を乗り越え、日々の暮らしと穏やかな気持ちが戻ってきたタイミングで神棚にお参りするようにしても、まったく問題はありません。

コラム……4

お祝いごとでも忌みごとでも食べられる赤飯の不思議

かつて、結婚式などの晴れの場やお祝いの席における引き出物といえば、なにはなくとも赤飯でした。しかし今では婚礼スタイルの多様化や衛生面を配慮するおもてし感の変化により、以前ほど目にする機会が減っているようにも思います。

とはいえ、初節句や七五三など、家庭でのお祝いの席では、おめでたさに華やかな彩りを添える食べ物として今も親しまれています。

国民的な「お祝いご飯」である赤飯ですが、なぜ晴れの日に食べられるようになったのか、じつのところ正確にはわかっていません。今のところ、餅米と小豆《あずき》（もしくはササゲ豆）を混ぜて炊くことで完成する、ふんわりとした赤紫色が魔を祓うため、という説が有力です。

ほかにも、稲作が伝わった当時の赤味を帯びた「赤米」を神様のお供えとして再現したとする説や、米と豆を混ぜて食べることが日常だった原始の食事の名残りとする説があります。

いずれにせよ、お祝いごととの関わりが深い赤飯ですが、地方によっては忌みごとの席でも供される場合があります。嫁ぎ先ではじめてお葬式に出席した際、赤飯を会葬御礼に頂戴して驚いた、という話も珍しくはありません。

忌みの席でふるまわれる赤飯は、嫌味でも皮肉でもなく、邪気を祓う意味で食べられます。小豆のもつ「祓う力」と、餅米に宿る稲魂（P77）の「聖なる力」が体内から清らかにしてくれるのです。

また、古代の人々はお祭りの終わりに赤米を食べていたため、それにならっているとする説もあります。つまり、赤飯が忌み期間の終わりを告げる合図となるのです。

体に取り入れることで心身が浄化され、魔を祓ってくれる心強い食べ物や飲み物は、ほかにもたくさんあります。罪穢れを祓う力をもつ海水から生まれた塩はもちろん、神様の力がぎゅっと詰まった餅や日本酒もそうです。季節の節目ごとに各家庭の食卓を彩る「行事食」も忘れてはいけません。

こうして考えてみると、かつての日本人は食事をただの栄養補給源としてではなく、神様の恵みを享受する場として真摯に捉えていたことがわかります。便利さや手軽さが重視されがちな今だからこそ、伝えていきたい価値観ですね。

5章

家と人を清らかにする季節の行事

神様をもてなし敬うお祭りは、古くから各家庭でも行われてきました。
その多くが年中行事として今も親しまれています。
お正月、節分、桃の節句、端午の節句……。
季節の節目ともいえるこれらの行事は、
四季のうつろいを神様と喜び合う豊かさに満ちています。

1月1日

お正月

「初」でにぎわうめでたき1年のスタート

どんな行事？

新年を連れて来る神様・年神《としがみ》様《さま》を我が家にお迎えし、ともに祝うことで1年間の幸せを願います。昔から受け継がれてきたお正月のしつらいの数々は、年神様へのおもてなしです。

年神様は穀物の守護神であり、五穀豊穣をもたらす実りの神様。地方によって「正月様」「歳徳《としとく》神《じん》」などと呼び方に違いがあります。しかし、日本中の誰もがその来訪を心待ちにしている人気者です。新年のご挨拶である「あけましておめでとうございます」はもともと、無事に年神様をお迎えできたことを祝福する言葉だったといわれています。

諸説あるものの、一般的にお正月は1月1日から1月7日まで。3日までを「三が日」、7日までを「松の内」と呼び、年神様とともに過ごします。

昔から、年神様をきちんとお迎えしないとその年は災いが起こると考えられてきました。「はじめ良ければ終わり良し」ともいいます。真心をもって年神様をおもてなしし、神様と暮らす清らかな1年のスタートとしたいものです。

正月飾り

　年末から町並みを彩りだす各種の正月飾りは、それぞれに我が家を清らかにする役目を担っています。たとえば、玄関にかけられる注連《しめ》飾りは、家を守る聖なる結界です。神域と俗界を隔てる注連縄《しめなわ》を用いることで、不浄なものが侵入するのを防いでくれます。

　玄関や門口に左右一対で置く門松は、年神様へのサイン。「祀《まつ》る」「待つ」に通じる松を飾ることで、年神様に「我が家ではおもてなしの準備をしていますよ」というメッセージを送っているのです。また、年神様が降臨し、宿る依《よ》り代《しろ》になるとも考えられています。

　1月1日から1月7日までをあらわす「松の内」は、正月飾りを掲げておく期間という意味があります。無事に役目を終えた松飾りは1月8日に外し、1月15日に神社などで行われる「どんど焼き」（P132）でお焚《た》き上げします。

鏡餅

　神聖な鏡の形を模した、丸くて平たい2段重ねの鏡餅は、年神様へのお供えです。いちばん大きなものは神棚か床の間、リビングなど家の中心に供えます。小さな鏡餅も用意して寝室や台所、トイレといった場所に置くことで、家のすみずみまで年神様がやって来ます。また、ともに暮らす我が家の神々も喜ぶことでしょう。

もともと、鏡餅のような年神様へのお供えものは「年玉《としだま》」と呼んでいました。そして家族でわかち合う、年神様が召し上がったあとのお下がりの呼び名は「お年玉」。それがやがて、お正月にもらえる嬉しいお小遣いへと変わりました。本来の意味でのお年玉をいただく「鏡開き」は、1月11日に行います（P131）。

若水

若水《わかみず》は元日の朝に汲む水のこと。清らかな力にあふれるこの水を飲むと、1年間の邪気が祓《はら》われ、若返るとされています。

元旦に一家の長が若水を汲む「若水迎え」は、大切にしたい正月行事です。元日の朝いちばんに蛇口を捻って汲んだ水は年神様に供えたり、煮炊きに使ったりしていただきます。

お正月の禁忌

元日、及び三が日の掃除はタブーです。とくに玄関を箒で掃除してしまうと、せっかくやって来た年神様や福も外に掃き出してしまうことに。水回りの掃除も、福や幸いを「水に流す」ためにすべきではないという地方もあります。せっかくのお正月は、年神様とともにのんびり過ごしましょう。

初詣

お正月気分も高まる初詣は、その年はじめて氏神神社へ参拝することを意味します。近年では有名な社寺に参って初詣を終える方もいらっしゃるようですが、我が町を守護する氏神様へのご挨拶を行ってこその初詣です。帰省や旅行で難しい場合は、松の内に詣でましょう。

おせち

おせち料理は「お節供《せちく》」が転じたもので、神様に捧げる料理を意味しています。かつては1年の節目ごとに食されていましたが、年のはじまりをとくに大切にするようになると、お正月の祝い膳だけを「おせち」と呼ぶようになりました。

重箱にぎっしりと詰められた豪華な料理はそれぞれに縁起を担いだおめでたいものばかり。一方は私たちが、もう一方は年神様が用いるために両端が細くなっている祝い箸で、神様と一緒にいただきます。

初夢

古来、日本人は1年のはじめに見る夢である「初夢」でその年の運勢を占ってきました。初夢をいつとするかは諸説ありますが、一般的には元日の夜から1月2日の朝にかけて見る夢とされています。

吉夢の代名詞である「一富《いちふ》士《じ》・二鷹《にたか》・三茄子《さんなすび》」はそれぞれ「不死・無事」、「高・貴」、「成す」に通じる縁起物。おめでたい夢が訪れるよう、七福神の絵を枕の下に敷いて寝る古くからのおまじないもあります。

1月7日

七草粥

「春の七草」から生命力と精気を授かる

どんな行事？

1月7日の朝に「春の七草」の入った「七草粥」を食べ、無病息災を願うならわしです。中国から伝わった新年に若菜を食べる邪気祓いの風習と、新春にお粥を食べる平安貴族の風習が結びついて生まれました。

春の七草

春の七草は、セリ・ナズナ・ゴギョウ・ハコベ・ホトケノザ・スズナ・スズシロ。かつては1月6日、野山に摘みに行くのがならわしでした。現在では、スーパーマーケットに並ぶ七草セットがおなじみです。

その土地その土地に芽吹いた野草や若菜から精気を授かる行事ですから、七草にこだわる必要はありません。ホウレンソウやコマツナ、ミツバなど、手に入る食材で楽しんでもいいでしょう。

七草爪（七日爪）

1月7日は、年が明けてはじめて爪を切る日でもあります。七草をひたした水に指先を浸け、爪を柔らかくしてから切ると1年間、風邪をひかずに元気に過ごせるとされています。

1月11日

鏡開き

神様の力が宿る餅で運を開く

どんな行事？

鏡餅には、年神様の神聖なパワーが宿っています。その鏡餅を下げ、食べることで無病息災を願う行事が鏡開きです。

せっかく結んだ神様とのご縁を断ち切らないように、鏡餅を刃物で「切る」ことはせず、手や木槌で開きます。開いたお餅は、お汁粉やおかきにして余さずいただきましょう。

開運に通じる「開く」という表現は、縁起を担いだ先人の知恵。「割る」「砕く」といった言い回しも避けたいものです。

おかき

おかきは「お欠き」。鏡餅を端から手で欠き、乾かしてから油で揚げるつくり方に由来する名前だそうです。

神様との絆が深まるこの香ばしいお菓子は、奈良時代から食べられるようになったと考えられています。

1月15日

小正月

病魔を祓い、健康を願う小さな正月

どんな行事？

1月1日から3日の大正月に対し、1月15日は小正月。年末から忙しく働いてきた主婦をねぎらうために「女正月」と呼ぶ地域もあります。

かつての日本では、月の満ち欠けをものさしとした暦が根づいていていました。新月から次の新月までを1か月とする太陰暦です。太陰暦での1月15日は、1年ではじめての満月にあたります。夜を明るく照らす初満月はやはりおめでたいもの。人々はこの日をハレの日とし、さまざまな行事を行いました。今でも豊凶を占う神事や、魔を祓う行事が数多く受け継がれています。また、満月にやって来た神が各家に祝福と幸いを与えていく「小正月の訪問者」と呼ばれる風習も各地で行われます。

どんど焼き

各地の寺社で行われる「左義《さぎ》長《ちょう》」とも呼ばれる火祭り神事で、正月飾りや書初めを浄火で焚《た》き上げます。病魔を祓う浄火にあたり、体を温めて1年間の健康を祈願しましょう。年神様は、天高く昇る煙に乗ってお帰りになります。

小豆粥

魔を除ける赤に包まれた小豆《あずき》は古来のラッキーフード。小正月には小豆粥をいただいて、体のなかまで清めます。

1月21日頃から2月3日頃

大寒

凍てつく水が清浄をもたらす

どんな行事？

旧暦の1年を24分割した「二十四節気《にじゅうしせっき》」のひとつで、新暦では1月21日頃にあたります。1月5日頃からはじまる小寒と大寒を合わせた約30日間は「寒《かん》の内《うち》」と呼ばれる、1年でもっとも寒い時期。

凍てつく風と寒さのなか、心身鍛錬のために行う武道の寒稽古が日本中に元気を届ける風物詩となっています。

寒の水

小寒から大寒にかけて汲まれる「寒《かん》の水《みず》」は、その冷たさと雑菌の少なさから、いつまでも腐ることのない清らかな水とされてきました。実際、寒の水を使ってこの時期に仕込まれる味噌や日本酒は理想的な仕上がりになるそうです。また、寒の内に入って9日目に汲む「寒九《かんく》の水」はとくに清めの力があり、薬にすらなるといわれています。

大寒禊

各地の神社で行う大寒禊《みそぎ》は、寒空のなか寒の水に浸かることで罪穢《けが》れを浄化します。それにならい、朝の洗顔や歯磨きの際にはお湯ではなく寒の水を用いてみましょう。より清浄で、より清々しい1日のはじまりとなります。

2月3日

節分

豆を使って家中をお清め

どんな行事？

季節のわかれ目である節分は、本来、立春、立夏、立秋、立冬の前日すべてを指します。しかし旧暦では春の到来を正月とならぶ新年のはじまりと考えていたことから、立春の前日のみをあらわすようになったのです。

古来、季節と季節の隙間には災厄や病魔が入り込みやすいといわれてきました。その象徴が鬼で、この名前は目に見えないもの、人に悪さをする恐ろしいものである「隠《おん》」に由来しています。

南北朝時代にはじまった鬼を豆で追い払う「豆まき」の風習は、江戸時代に庶民にも広まりました。

「魔（ま）を滅（め）する」「魔目」に通じる豆は鬼の弱点。おなじみの「鬼は外、福は内」のかけ声を盛大にあげて、我が家にやって来る鬼と邪気を一掃します。

豆まき

豆まきの準備は、豆に神様の力を宿すことからはじまります。節分の前日に神棚や神札《おふだ》に豆をお供えし、「福豆」にしておきましょう。

鬼がやって来るのは節分の夜です。暗くなったら家中の戸や窓を開け放ち、「鬼は外」と唱えながら福豆をまきます。鬼が入って来ないよう窓を素早く閉めたら、今度は「福は内」と唱

えながら室内に豆をまきます。これを各部屋で繰り返し、家中に潜む邪気もキレイに追い出します。一家の主や跡取り、生まれた年と同じ干支を迎えた年男や年女が声をあげるのがならわしです。

無事に豆まきを終えたら、自分の年齢よりもひとつだけ多い数の福豆を食べ、魔を祓う力を取り込みます。年齢プラス1の福豆は「年取り豆」とも呼ばれる、無病息災の縁起物です。

鰯《いわし》

鬼は豆のほかにも、鰯の臭いが大の苦手なのだとか。そこから生まれたおまじないが、焼いた鰯の頭を柊《ひいらぎ》の枝に刺す「やいかがし」で、門口や家の軒下に吊るし鬼を追い払います。鰯料理を節分の行事食とする地域が多いのも鬼を退けるためです。

恵方巻き

キュウリやかんぴょう、でんぶなどの具材を用いた太巻きを、「恵方《えほう》」と呼ばれるその年の良い方角に向かいながら丸かじりする風習です。関西地方で発祥し、近年急速に広まりました。ひと言も話さずに食べ終えると、1年間病気をせずに過ごせるといわれています。

3月3日

桃の節句

美しい人形で厄と穢れを祓う

どんな行事？

3月3日の桃の節句は、華やかな雛人形を飾って女児の成長と幸せを祈る行事です。かつては3月上旬の巳の日に行っていたことから、「上巳《じょうし》の節句」とも呼びます。

上巳はもともと災いが降りかかりやすい忌日とされていました。そこで水辺で禊を行うとともに、紙や藁でできた「人形《ひとがた》」に穢れをうつし、身代わりとして流す風習が生まれます。これが島根県などで受け継がれている「流し雛」のルーツです。

上巳の節句が女の子の成長を願うお祭りとなったのは、人形《ひとがた》と人形遊びを重ねたため。飾ることで厄を祓う雛人形がつくられるようになったのは、室町時代からといわれています。やがて邪気を祓う仙木とされる桃の花や菱餅をしつらえるようになりました。

ちなみに「お雛様をしまうのが遅いと婚期が遅れる」という言い伝えは、雛人形のもつ祓いの道具としての役割を強調するがあまりひとり歩きしてしまったものです。要は飾り雛を出し、しまうことで厄が祓われるということ。お嫁にいくことが女性の幸せだと考えられていた時代の名残りともいえます。

いずれにせよ、我が子の健やかな成長と幸せを願いながら早めにしまうよう心がけましょう。

飾り雛

立春過ぎから遅くとも桃の節句の1週間前までには飾ります。なにをするにも縁起が良い大安を選んで飾る方も多いようです。雛人形はその子の身代わりとなり、災厄を祓ってくれるもの。姉妹がいても、それぞれに用意するのが本義といえます。

桃

桃の木や花、果実には厄除けや魔除け、さらには長寿のパワーがあるといわれています。その聖なる力への信仰から、桃から生まれた桃太郎が鬼退治をする昔話も生まれました。

春らしさを楽しむ意味でも桃の花を飾り、我が家を清めてもらいましょう。

菱餅

地域によって違いはありますが、一般的には緑、白、紅の餅を重ねてつくります。緑は大地の芽吹き、白は残雪、紅は桃の花をあらわしているのだとか。また、緑には健康、白には清浄、紅には魔除けの願いが込められています。

4月頃

お花見

神様と一緒にご馳走を囲む春の宴

どんな行事？

日本人がもっとも愛する花、桜。桜前線の北上とともに私たちの心は浮き立ち、日本列島のあちこちでにぎやかなお花見が開催されます。

もともと花見は、春の農作業に先んじて行われた豊作祈願の宴でした。桜の花のほころびは、本格的な農業シーズンの幕開け、そして実りをもたらす田の神様の到来を知らせるものだったのです。桜の下に持ち寄ったお酒とご馳走を神様にお供えし、同じものをみなでいただくことで、さらなる加護を願いました。

桜

「サクラ」の語源には諸説ありますが、「サ」は田の神様をあらわし、「クラ」は神様が宿る場所を意味するといわれています。桜を愛でることは、桜に宿る神様との絆を深めることにもつながります。

5月2日頃

八十八夜

長寿の縁起物、新茶の最盛期

どんな行事？

立春から数えて88日目にあたる「八十八夜《はちじゅうはちや》」は、四季のうつろいを教えてくれる「雑節《ざっせつ》」のひとつ。春と夏との境目で、

昔から夏支度をはじめる目安になってきました。

また、農家の人々にとっても大切な節目とされ、野菜の種まきや苗代のモミまきなどがはじまります。芽吹きの春から成長の夏へ。季節が確実に進んでいきます。

新茶

「夏も近づく八十八夜」と歌われているように、この頃、お茶の収穫は最盛期を迎えます。

八十八夜前後、その年いちばんに摘んだお茶の葉はやわらかく、清新な香りが持ち味。旨味成分テアニンもたっぷりと含んでいます。また、「八」という末広がりのおめでたい字が重なることから、八十八夜に摘んだお茶は不老長寿の縁起物です。

このお茶の葉からつくられる新茶は、5月から6月にかけて店頭に並びます。新茶に切り替える際には、神棚にお供えを忘れずに。

5月5日

端午の節句

菖蒲の芳香で魔を祓う

どんな行事？

「端午《たんご》」は月のはじめの午の日を意味します。本来は5月に限りませんが、物忌みの月であること、「午＝五」が重なることから、5月5日のみを指すようになりました。薬湯に浸かる、菖蒲《しょうぶ》を浮かべたお酒を飲む、といった邪気を祓う風習も同じくして生まれたとされています。

端午の節句が男の子の節句になったのは、江戸時代。武士たちが菖蒲を「勝負」「尚武」に通じる縁起物として大切にするようになり、一族の宝である男児の成長と出世を願う行事へと変化していきました。

菖蒲湯

もとは老若男女にふりかかる災いを除ける1日なのですから、家族みんなが菖蒲湯に入るようにしましょう。細長く伸びた菖蒲の葉から漂う清々しい香りが邪気を祓ってくれます。さらにこの芳香には、血行促進や疲労回復効果が。湯船に浮かべ浸かれば心身がスッキリします。

柏餅

新芽が出るまで古い葉が落ちない柏は、子孫繁栄の縁起物。端午の節句には柏餅を食べて、家の繁栄を願います。

6月1日

衣替え

どんな行事？

学校や職場の制服が一斉に夏服へと変わる、目にも涼やかな行事です。清々しい装いに気分も一新、新しい季節のはじまりに背筋がピンと伸びる方も多いでしょう。

季節に合わせた装いで気分一新

季節の変化に合わせて冬服と夏服を替える衣替えは、平安時代からつづく日本独自の習慣です。平安時代には衣類だけでなく、調度品もすべて替えられたといいます。気温に応じた装いで毎日を快適に過ごすという目的もありますが、数か月袖を通しつづけた着物の穢れを祓う意味合いも含まれていました。

冬服への衣替えは10月1日。合理的な収納スペースのおかげで衣替えをしない家庭も増えているそうですが、季節の巡りを感じるならわしとして大切にしていきたいものです。

不用品を処分する

衣替えは手持ちの衣類を整理整頓する絶好のチャンスです。しまいこんでいる間に、汚れやカビ、虫食いが発生していることもあります。風通しの良いクローゼットを確保するためにも、不用品は思い切って処分しましょう。

6月30日

夏越の祓

上半期の罪穢れをリセット

どんな行事？

1年の折り返し地点にあたる6月30日に、私たちが犯した罪穢れや降りかかる災厄を祓い清める儀式です。それまでの半年を無事に過ごせたことに感謝し、下半期に向かって新たなスタートを切ります。「大祓《おおはらえ》」とも呼ばれる、心身の大掃除です。

夏越《なごし》の祓といえば、茅《ちがや》でできた「茅《ち》の輪《わ》くぐり」をイメージされるかもしれません。神社の境内に設けられる茅を束ねた茅の輪をくぐることで身を清め、疫病を除けます。

さらに紙製の形代《かたしろ》で体をなぞり、息を吹きかけて罪穢れをうつします。形代は氏神神社でいただきましょう。氏神神社に持参した形代が清められると、私たちの心身も清らかになります。

茅の輪くぐり

茅の輪くぐりは、貧しいながらも真心をもってもてなしてくれた男に感心した神様が、「疫病が流行ったらお前の子孫は助ける。子孫の証として茅の輪を身につけておくように」と告げた神話に由来する神事です。罪穢れを祓うことはもとより、湿気や夏の厳しい暑さにも負けない精気を授かります。

茅の輪は8の字を描くように、左回り、右回り、左回りの順で3度くぐると良いとされています。くぐりながら「祓《はら》え給《たま》え、清《きよ》め給《たま》え」と唱えてもいいでしょう。「水無月《みなづき》の夏越の祓する人は千歳《ちとせ》の命のぶというなり」と唱える神社もあります。

水無月

京都では、夏越の祓にあわせて「水無月」を食べる風習があります。水無月は砂糖や餅粉でできた白いういろうの上に、魔除けの小豆をのせた和菓子です。暑気を払う氷のかけらを模して、三角の形に切られています。近年では季節菓子としての知名度も上がり、6月になると各地の和菓子屋で見られるようになりました。夏バテで体調を崩すことなく下半期を乗り切れるよう、願いを込めていただきます。

7月7日

七夕

天の川には願いを、地の川では禊を

どんな行事？

7月7日の夜、天の川を渡って年に1度の逢瀬を楽しむという織り姫と彦星の伝説をもとに、短冊に願いごとを書いたり、笹竹を飾ったりしてお祝いします。

恋にかまけて仕事を忘れ、天の神様の怒りを買った織り姫と彦星の伝説は、中国から日本へと伝わりました。同時に、機織《はたお》り上手な織り姫にあやかるべく裁縫や手芸の上達を女性たちが願う「乞巧奠《きこうでん》」という宮中行事も伝来しました。やがて伝説と宮中行事、さらに『古事記』に登場する、美しい神衣を織る乙女「棚機女《たなばたつめ》」とが結びつき、七夕のならわしが生まれたと考えられています。

一方で七夕は、日本で古くから行われてきた祖先を祀る行事、お盆(P146)とも深く関わってきました。「七夕洗い」と称して女性が髪を洗ったり、井戸を掃除したりする風習は、1週間後に訪れるご先祖様の霊をもてなすための禊という意味合いもあったのです。

そうめん

とある子供が7月7日に亡くなり、疫病をもたらす悪鬼となってしまいました。憂えた人々が命日に子供の好物であった索餅《さくべい》を供えると、悪鬼は鎮まり、疫病も治まりました。それ以降、人々は7月7日には索餅を食べ、無病息災を願うようになりました。

これが、七夕の行事食としてそうめんを食べるようになった由来とされる古代中国のお話です。時代が下るにつれ索餅がそうめんへと変わり、細長く白い麺を天の川や織り姫の織り糸になぞらえるようにもなりました。今年の七夕にそうめんをいただくときには、その起源に思いを馳せ、健康を願ってみてはいかがでしょうか。

七夕洗い

池や川で女性が髪を洗い、穢れを清める「七夕洗い」は、日本各地で行われていました。そのため「七夕に髪を洗うと黒く美しい髪になる」「朝早く七夕洗いをすると頭の病が治る」といった言い伝えが残っています。

七夕送り

願いを込めた短冊や色とりどりの飾りを下げた笹飾りにも、私たちの罪穢れはうつっています。それゆえ昔から、七夕は迎える以上に「送り」が大切な意味をもっていました。笹飾りを川や海へと流し、罪穢れを祓っていたのです。現代は現代なりの七夕送りを。7月8日のうちに心を込め、地域のルールに従って処分しましょう。

7月13日から16日

お盆

我が身につながる祖先に感謝

どんな行事？

私たちを見守っているご先祖様の神様である「祖霊」を迎え、もてなし、送り出す行事です。「盂蘭盆会《うらぼんえ》」や「精霊会《しょうりょうえ》」とも呼ばれます。

「盂蘭盆」は仏教行事です。釈迦の弟子である目蓮《もくれん》が、地獄に堕ちた母を救うため、7月15日に僧を招き供養したという伝承から生まれました。盂蘭盆が伝わると古来の祖先を祀る風習と結びつき、日本独自のお盆として定着したといわれています。

お盆は地域によって時期が異なり、月遅れで行うところもあります。いずれにせよ、我が身につながる祖霊とともに過ごし、感謝を捧げ、さらなる加護を願います。

迎え火・送り火

7月13日の夕方、門前や玄関先で麻の茎を乾燥させた麻幹《おがら》を燃やし「迎え火」を焚きます。祖霊が迷わず我が家に戻って来るための目印です。7月16日の夕方には再び麻幹を燃やして「送り火」を焚き、祖霊を送り出します。

祖霊社

祖霊を祀るお社、「祖霊社」を境内に置く神社もあります。少しでも気になったのなら、ご先祖様が声をかけているのかもしれません。感謝とともに参拝しましょう。

7月下旬頃

土用

「う」のつく食べ物で夏バテを除ける

どんな行事？

「土用」は本来、立春、立夏、立秋、立冬前の18日間を指します。1年に4回巡ってくるわけですが、暑さの盛りを迎え体調を崩しやすい夏の土用だけが重要視されるようになりました。

土用といえば、丑《うし》の日、土用の丑の日といえば鰻《うなぎ》です。この食習慣は、江戸時代の学者・平《ひら》賀源内《がげんない》が「『う』のつくものを丑の日に食べると夏負けしない」という言い伝えから思いつき、広めたといわれています。しかし暑気払いに鰻を食べて体力をつけるのは、万葉の時代からつづく食文化なのだそうです。

「う」のつく食べ物

鰻のほかによく食べられているのは、うどん、ウリ、梅干など。どれもサッパリと食べられるものばかりで、夏バテ気味の体をいたわります。

丑湯

土用の丑の日は、ドクダミやヨモギ、桃の葉などを入れた薬湯に入ります。丑湯は体を清めるだけでなく、疲労回復にも効果抜群です。

7月から8月

夏祭り

神様と一緒にパワーアップ

どんな行事？

現代の夏といえば海へ山への楽しいレジャーシーズンですが、かつては湿気と暑さによって死に至るほどの疫病が流行る恐ろしい季節でした。そのため、昔からつづく夏祭りは華やかでエネルギッシュ。にぎやかなお囃《はや》子《し》や威勢のいいかけ声、息を合わせた踊りで神様を盛り立て、ご神徳で悪疫を祓っていただくのです。

祇園祭

神田祭、天神祭と並んで日本三大祭りに数えられる祇園祭は、7月いっぱいかけて行われる八坂神社（京都）の祭礼です。鉾《ほこ》を立て、人形などで色とりどりに装飾した山鉾《やまほこ》を町衆たちが曳き、八坂神社からは3基のお神《み》輿《こし》が担ぎ出されます。祭りの起源は平安時代。除疫神・牛頭《ごず》天《てん》王《のう》に悪疫を鎮めるよう願ったのがはじまりです。

お神輿

神様がお神輿に乗って氏子地域を巡る際、担ぎ手はかけ声をかけ、心をひとつにしてお神輿を激しく振ります。振りが強ければ強いほど神様がパワーアップし、聖なる力をたくさん授かることができるのです。代表的なかけ声のひとつである「ワッショイ」の語源には、「和一緒」「和を背負う」などが考えられています。

9月1日頃

二百十日

風から教わる自然への畏怖

どんな行事？

立春から数えて210日目。季節の移り変わりの目安となる雑節のひとつ、「二百十日」がやって来ます。

台風シーズンとも重なる二百十日は天候が荒れやすい厄日。開花したばかりの稲が被害を受けないよう、人々は風の神様を鎮めるお祭りを行ってきました。風の神様とともにお酒を酌み交わしたり、踊ったり。各地で郷土色豊かな風祭《かざまつ》りが受け継がれています。

防災の日

1923年9月1日正午近く、相模湾海底を震源とする地震が関東全域を襲いました。未曾有の被害をもたらした関東大震災です。

折しも二百十日のこの日、東京には強風が吹いており、地震によって発生した火災は風にあおられ、すさまじい勢いで燃え広がりました。死者行方不明者は10万人以上。そのうち火災で亡くなった方は約9割にのぼると考えられています。

この教訓を生かし、台風や津波、地震などの災害に備えようと制定されたのが「防災の日」です。我が家の防災グッズはきちんと整っているでしょうか？　非常食の賞味期限は？　災害への備えや心構えを確かめ、自然を畏れる謙虚な心もちを思い出しましょう。

9月9日

重陽の節句

菊花から長寿を授かる

どんな行事？

古代中国で縁起が良いとされた陽数（奇数）のなかでも、もっとも大きい「9」が重なる9月9日は「重陽《ちょうよう》の節句」。3月3日の「桃の節句」に対し、「菊の節句」とも呼ばれるおめでたい日です。日本には奈良時代に伝えられました。

平安時代初期からは宮中行事となり、貴族たちは寿命を延ばすとされる菊の花を浮かべたお酒「菊酒」を飲んだり、菊についた露で体を清めたりして無病息災を願いました。江戸時代には幕府によって正式な祝日となり、庶民も菊酒でお祝いをするように。秋の収穫祭と結びついた農村部では、「お九日《くんち》」として定着し、親しまれています。

菊酒と栗ご飯

菊はその美しさと香りの芳しさで邪気を祓うと考えられてきました。菊の花びらを浮かべた菊酒は、平安貴族たちから受け継いだ延命長寿の妙薬です。江戸時代には、栗ご飯を炊いて重陽に食べる風習も生まれました。菊酒も栗ご飯も、まずは我が家の神様にお供えしてからいただきましょう。

9月初旬から10月初旬

十五夜

1年でもっとも美しい満月を愛でる宴

どんな行事？

旧暦の8月15日にあたる夜、お供えものをして月を愛でます。月の満ち欠けをもとにしてつくられた旧暦では、15日は満月。空気も澄みだすこの時期、1年でもっとも明るく美しい月が地上を照らします。

旧暦の秋（7月、8月、9月）の真ん中にあたることから生まれた「中秋《ちゅうしゅう》の名月」の名前でもおなじみです。

お供え

十五夜にお供えするのは、ススキや果物、月をかたどったまるい月見団子など。この頃に収穫期を迎える里芋も並ぶことから十五夜を「芋名月」とも呼びます。神様の大好物であるお酒も捧げて、お月見を一緒に楽しみましょう。

室内にも月光が射すよう、前日までに窓を拭き清めて、月のパワーもいただきます。

月の神様

月を司る神様は、伊邪那岐《いざなきの》命《みこと》が禊をした際に生まれた月読命《つくよみのみこと》です。満ち欠けを繰り返す月の力を象徴する神様ですから、再生や若返りのご神徳があるとされています。

かつての人々は、月に不老不死の薬があると信じていました。十五夜の月光やお供えのお下がりに、ついつい若返りを期待したくなりますね。

10月中旬から下旬

十三夜

月待ちの宴で神様や仲間と絆を深める

どんな行事？

十五夜から約1か月後の旧暦9月13日に行うお月見です。十五夜と同じようにお供えを揃え、月を観賞して過ごします。旧暦13日の月は「のちの月」と呼ばれ、満月の次に美しいと愛されてきました。

十五夜の「芋名月」に対して、十三夜は「豆名月」もしくは「栗名月」。その名の通り、豆や栗をお供えします。

十五夜のお月見を楽しんだ方は、十三夜をないがしろにしてはいけません。どちらか一方の月だけを鑑賞する「片見月《かたみつき》」は、縁起が悪いのです。

ススキ

十五夜や十三夜にお供えするススキは、神様が降り立つ依り代です。神様が宿ったあとのススキを軒先に吊るしておくと、1年間病気をしないといわれています。

月待ち講

十五夜や十三夜だけでなく、十六夜、二十六夜など、特定の月齢の日に仲間と集い、飲んだり歌ったりしながら月の出を待つ「月待ち講」の記録が多く残っています。月待ちをしつつも、夜の大宴会を楽しんでいたのでしょう。月見は神様との絆を深める行事であるとともに、日常のストレスを祓うハレの場でもあったのです。

11月23日 勤労感謝の日（新嘗祭）

農作物の恵みに感謝し、命をつなぐ

どんな行事？

勤労感謝の日は「勤労をたっとび、生産を祝い、国民たがいに感謝しあう」（「国民の祝日に関する法律」より）日です。

もともとはその年に収穫した穀類を神様にお供えし、実りに感謝するお祭り「新嘗祭《にいなめさい》」が行われる日でした。多くの人が農業に従事し、日本でつくられた作物だけで命をつないだ時代、新嘗祭は1年のなかでも特別な1日だったのです。

今でも各地の神社は新嘗祭を執り行い、私たちの食を支える五穀（米・麦・粟《あわ》・豆・キビ〈もしくはヒエ〉）をお供えし、神様に感謝を捧げます。

新米

かつては新嘗祭が終わるまでは、新米を食べない風習がありました。現代では難しいものがあるかもしれませんが、はじめて新米を炊いた日は八百万《やおよろず》の神、あらゆる自然、そしてお米が手元に届くまで携わったすべての方に感謝したいものです。もちろん神棚へのお供えも忘れずに。

米びつ

ほぼ毎日使う米びつですが、こまめに手入れをされている方は少ないのではないでしょうか。米ヌカやホコリ、チリで思いのほか汚れています。新嘗祭に合わせ、米びつを掃除し清めましょう。

12月13日

正月事始め

年神様を迎える用意をはじめる日

どんな行事？

年神様をお迎えするための準備をはじめる日です。最近ではクリスマスを過ぎてからお正月の用意をする方が増えていますが、家中の汚れを清める「煤払《すすはら》い」や、正月飾りの手配、おせち料理の用意などすべきことは多く、どうしても気忙しくなります。バタバタと年神様をお迎えするという失礼のないよう「正月事始め」はあるのです。

煤払い

江戸時代、12月13日は幕府公認の「煤納めの日」。江戸城内や江戸市中では一斉に掃除を行いました。家の煤払いは「大掃除」と名前を変え年末行事となりましたが、大きな社寺では今でも煤払いを行います。

ご家庭では部屋ごとなど区切りを決めて、この日から少しずつ汚れと穢れを清めていくといいでしょう。

松迎え

門松などお正月に飾る松を山から伐り出す「松迎え」は、煤払いと並び大切にされてきた風習です。今ならば門松や注連飾りのサイズを決めたり、買い求めたりといった行動に。ちなみに正月飾りは12月13日から大晦日までに飾るのがならわし。「二重苦」や「苦待つ（松）」に通じる29日、縁起の悪い「一夜飾り」となる31日は避けます。

12月21日頃

冬至

太陽の神様の力が復活する吉日

どんな行事？

冬至は1年のうちでもっとも昼間が短く、夜が長い1日です。翌日から少しずつ日が長くなっていくことから、太陽の神様の力が復活するおめでたい日でもあります。凶事がつづいたあと物事が好転し、吉事に向かうことを意味する「一陽来復《いちようらいふく》」は、冬至の別名です。

柚子湯

冬至の日、柚子を浮かべたお風呂に浸かれば、その冬は風邪をひかないといわれています。旬を迎える柚子の爽やかな香りで、邪気を祓うのです。また、ゆったりとお風呂に入り清らかな心身になったうえで、本格的な冬と寒さを迎えるという意味合いも含んでいます。

カボチャ

冬至に食べるカボチャも、風邪をはねのける縁起物です。果肉の黄色に太陽を重ねるとともに、冬場に不足しがちなβ《ベータ》カロテンやビタミンCといった栄養素を多く含んでいることを、古の人々は体験的に知っていたのでしょう。やはり邪気を祓うとされる小豆と一緒に煮る「冬至カボチャ（いとこ煮）」が定番メニューです。

12月31日

大晦日

心身を清め、新しい1年への準備を整える

どんな行事？

「晦日《みそか》」は、旧暦における月の末日。1年の最終日である12月31日は「大」がついて「大《おお》晦日《みそか》」です。また、晦日は「つごもり」とも読むので、「大つごもり」ともいいます。

年神様は夜にいらっしゃるため、かつてはひと晩中起きているのがならわしでした。大晦日の夜をあらわす「除夜」は、夜がない、夜を除くという由来から生まれた言葉なのです。年神様への無礼を恐れて、大晦日に早く寝てしまうと白髪になる、シワが増えるといった言い伝えが各地に残っています。

年越しの祓

1年間に積もったホコリや汚れを清める我が家の大掃除が終わったら、私たちの心身も大掃除をしなくてはなりません。夏越の祓（P142～）から半年分の罪穢れを祓い、清める神事「年越しの祓（大祓）」を氏神神社で受けましょう。

夏越の祓同様、神社から配られる形代に罪穢れをうつし、納めます。ちなみに年越しの祓では茅の輪くぐりを行いません。

年越し蕎麦

12月31日に蕎麦《そば》を食べる「年越し蕎麦」の風習は、江戸時代中期、都市部を中心に広まったといわれています。

どうして年越し蕎麦を食べる

ようになったのか、はっきりとした理由はわかっていませんが、切れやすい麺にその年の悪縁や災厄との断絶を願ったとする説があります。また、当時の人々は蕎麦に内臓の汚れを消し去る働きがあると信じていました。
まさに、リセットとデトックス。年越し蕎麦には、身も心も清めて新年を迎えようという願いが込められているのです。

二年参り

大晦日の深夜から元日にかけ、年をまたいで神社に参拝することを最近は「二年参り」と呼ぶそうです。本来は北陸地方の方言で、インターネットの浸透により全国的に使われるようになってきました。

年をまたいで参拝するならわしは、古来の「年籠《としこ》もり」を起源としています。年籠もりは一家の長が大晦日から元旦にかけて氏神神社に籠もり、年神様と新しい1年を迎える風習です。

大勢でカウントダウンをし、新年が明けた瞬間に大声でお祝いする風景も今や珍しいものではなくなりました。

しかし、神様をお迎えしともに過ごすという、お正月本来の意味を考えると、心を整え、慎み深くあることを大切したいものです。

コラム……5

出産にまつわるしきたりと穢れ

新しい命がこの世に誕生する出産は、とにもかくにもおめでたいもの。親しい方に子供が生まれたとなれば、すぐに贈り物を用意してお祝いの心を示しますね。

しかし、出産が晴れなるお祝いごととなったのは近代に入ってから。医療が未発達の時代は母子の命が危険にさらされる一大事でした。死と隣り合わせであるお産は穢れと考えられていたのです。

現在、安産祈願は妊婦さんが妊娠5か月を迎えた戌の日に、神社に詣でて行うのが一般的です。地域によっては、安産祈願よりも「帯祝い」や「着帯祝い」という呼び名がしっくりくる、という方がいるかもしれません。というのも、本来この日はさらしでできた岩田帯《いわたおび》（腹帯）を妊婦さんに巻き、赤飯を食べ、無事なるお産を願う日だからです。

岩田帯の語源は「斎肌帯《いはだおび》」で、「斎」は身を慎む「忌」を意味します。お腹の膨らみが目立ちだすこの時期に、出産の忌に入るしるしとして、さらには母親となる自覚を促すために巻くようになったと考えられています。ちなみに戌の日が選ばれるようになったのは江戸時代以降で、多産でお産の軽い犬にあやかってのこと。犬の置き物、「犬張り子」が安産祈願の贈り物とされてきたのも同じ理由からです。

帯祝いを終えたあとの日々を無事に過ごし、いよいよ出産となると、妊婦さんたちは「産屋《うぶや》」と呼ばれるお産専用の家に移りました。陣痛から分娩まで、パートナーや家族が妊婦さんをサポートする現代とは真逆で、お産はあくまで女性だけのもの。産婆さんが出産の場を取り仕切り、お産を司る神様に祈りを捧げました。男性は産屋に近づくことさえ許されなかったといいます。

無事に誕生しても、赤ちゃんやお母さんはすぐに産屋から出られません。生後6日目の「お七夜」でようやく赤ちゃんは我が家に入り、名前がつけられ、家族の一員として認められました。この日は母親の穢れが晴れる第一の日ともされ、親戚を集めてお祝いの宴が開かれました。今でも、子供の名前を命名書に記して祝う風習がありますね。

出産を穢れとするのは、今という時代にそぐわない感覚といえるでしょう。しかし、その根底にあるのは母子の無事と健康を願う気持ちです。だからこそ、帯祝いもお七夜も、由来とは少しずつ意味と形を変えながら、しっかりと受け継がれているのです。

神田明神

正式名称・神田神社。江戸東京に鎮座して1300年近くの歴史をもつ。江戸時代には、「江戸総鎮守」として将軍様から江戸庶民にいたるまで江戸のすべてを守護。今もなお、東京―神田、日本橋、秋葉原、大手町・丸の内など108の町々の総氏神様として、「明神さま」の名で親しまれている。東京都心を見守り続ける明神様。

http://www.kandamyoujin.or.jp/

[参考文献]

『巫女さん入門初級編』神田明神監修（朝日新聞出版）／『巫女さん作法入門』神田明神監修（朝日新聞出版）／『縮刷版神道事典』國學院大學日本文化研究所編集（弘文堂）／『神社のいろは』神社本庁監修（扶桑社）／『神話のおへそ』神社本庁監修（扶桑社）／『新神社祭式行事作法教本』沼部春友・茂木貞純編著（戎光祥出版）／『神社のしくみと慣習・作法』三橋健編著（日本実業出版社）／『日本の神様読み解き事典』川口謙二編著（柏書房）／『神道のことば』武光誠監修（河出書房新社）／『神様が教えてくれた幸運の習慣』田中恆清（幻冬舎）／『図解巫女』朱鷺田祐介（新紀元社）／『日本の神様と楽しく生きる―日々ご利益とともに―』平藤喜久子（東邦出版）／『神社ってどんなところ？』平藤喜久子（筑摩書房）／『日本年中行事辞典』鈴木棠三（角川書店）／『絵でつづるやさしい暮らし歳時記』新谷尚紀監修（日本文芸社）／『日本人のしきたり』飯倉晴武編著（青春出版社）／『暮らしのしきたりと日本の神様』三橋健監修・平井かおる著（双葉社）／『しきたりの日本文化』神崎宣武（KADOKAWA）／『驚くほど使える「暮らしの知恵」大全』（宝島社）／『日本を楽しむ年中行事』三越（かんき出版）／『五節供の楽しみ』冷泉為人、西岡陽子、山埜幸夫、田中久雄（淡交社）

掃《は》き清《きよ》める新《あたら》しい暮《く》らし

神様《かみさま》が宿《やど》る家《いえ》の清《きよ》め方《かた》

2017年12月31日　第一刷発行

監修　神田明神《かんだみょうじん》

発行者　佐藤 靖

発行所　大和《だいわ》書房

東京都文京区関口1-33-4

電話：03-3203-4511

企画・編集　酒井ゆう（micro fish）

構成・執筆協力　本間美加子

デザイン　平林亜紀（micro fish）

イラスト　井上文香

校正　メイ

印刷　歩プロセス

製本　ナショナル製本

ISBN978-4-479-78410-4

http://www.daiwashobo.co.jp